JN062321

山折哲雄 編

最澄に秘められた古寺の謎

伝教大師と辿る
比叡山と天台宗

ウェッジ

はじめに

七世紀。この国は、奈良の地を中心に国造りが始まる。聖徳太子が法隆寺を建て、八世紀に入ると聖武天皇が東大寺をつくっている。豪族が割拠し、内乱が頻発するなか、その統一をはかるため大陸から仏教が導入されたのだ。

延暦十三年（七九四）、桓武天皇は都を京都に移し、国家の再編・強化をはかる。その先陣パイロットに選ばれたのが近江出身の最澄（のちの伝教大師）だった。彼はいち早く正式の留学僧として中国に渡り、最新の仏教知識と文物をもたらす。そして修行道場の根拠地として比叡山を定めた。この国の政治に新しい魂を吹き込むことが桓武天皇の願いだったからだ。

日本はまだ黎明期にまどろんでいた。ところがそれ以来、実に千二百年、今年は未曾有のコロナ禍のなか開祖伝教大師（七六六～八二二年）の大遠忌を迎えた。この比叡山天台宗の法灯をこれから後世にどのように伝えていくのか、重大な岐路に立たされていると言っていいだろう。

奈良に都があった時代、法隆寺などの寺院は修行の道場というより、大陸伝来の学問や技術を学ぶ性格が強かった。正倉院の宝物にうかがわれるような知的な雰囲気に包まれていた。都市仏教といってもいいようなところがあったのである。

ところが平安京に移ってからは、それが一変する。なぜなら帰国後の最澄はその根本道場の比叡山を新しい山岳仏教のシステムづくりへと方向転換したからである。最澄に始まる改革の要点は三つ――。

第一、四種三昧の実践。

第二、万人成仏思想の創造と普及。

第三、カミ信仰とホトケ信仰の統合。

第一の「四種三昧」とは何か。ひたすら坐る（常坐三昧）、ひたすら堂内を歩き続ける（常行三昧）、常坐と常行を組み合わせる（半行半坐三昧）、常坐と常行にこだわらずに実践する（非行非坐三昧）、の四種である。

この四種三昧の中から、のちに下山をみずからに禁ずる籠山十二年の行、全山を踏破する千日回峰行（せんにちかいほうぎょう）といった厳しい修行を生み、それが今日に及んでいる。

第二の「万人成仏」とは何か。僧になるためには多くの戒律を身につけていなければならなかった。だがそれまでの伝統仏教は、あまりに煩雑なタブーと禁忌に縛られていた。それを一挙に解き放ち、大衆救済のための新しい倫理規定を設けて、これを「大乗戒」と称したのだ。万人の救いをめざしたのである。

第三はいわゆる「神仏習合」のことだ。日本列島は古来、山野森林をはじめ全国の津々浦々にカミが鎮まると信じられ、祀られてきた。このような土着の信仰と共存する関係を取り結んだのが最澄の開いた比叡山仏教だった。本地（ほんじ）すなわちホトケの世界が、垂迹（すいじゃく）すなわちカミの世界にあとを垂れる、という考え方を広めたのだった。「本地垂迹説」である。

比叡山では昔から、誰いうとなく、論、湿、寒、貧ということが語られてきた。「論」とは「法華経」を中心に万巻の書を読み、議論を尽くすこと。面白いのが二番目の「湿」だ。山のきつい湿気に耐えて厳しい研学と修行を続ける。日本列島の風土はモンスーンの極地、そのなかで身を削り心を磨く日々に明け暮れる。第三、第四の寒、貧は、宗教的鍛錬の現場では普遍的な課題で、四種三昧の生活基盤だった。

この最澄の比叡山モデルは同時期の留学僧だった真言密教の空海の場合と同じだった。彼もまた高野山に日本密教の根拠地をつくり、大衆教化に乗り出していった。ただ特筆すべきこととして挙げたいのは、はるか後の鎌倉時代になって、法然、親鸞、そして道元、日蓮など個性的な仏教者たちがみんな最澄の開いた比叡山での修行を重ねていたということだ。比叡山が日本仏教の母山と言われるのもそのためかもしれない。

この比叡山仏教は、十世紀になって大きな転機を迎える。源信（げんしん）（九四二〜一〇一七年）の登場である。最澄が比叡山を開いてからおよそ二百年、時代が大きく動いていた。朝廷、貴族、大衆の間に死の意識が深まり、浄土往生への思いが高まっていたからだ。そんななか源信は横川（よかわ）の地に隠棲して、世に名高い『往生要集（おうじょうようしゅう）』を書いていた。念仏を唱え、ひたすら往生を願う。その方法を克明に描いたものだ。この源信をモデルとする僧侶を『源氏物語』のなかに登場させたのが紫式部だった。

もうひとつ、この『往生要集』に「臨終の行儀」という貴重な一編が出てくる。病気や老衰で最期を迎える念仏の同志たちをどのように介護し看取るか克明に記述しているのだ。それだけではない。少数の弟子たちを集めてそのことを実践し、その詳細な記録が残されていたのだ。

まさに今日いうところのホスピス（終末医療）の最古の試みだった。世界最古の臨終（死）の作法だったことがわかるだろう。最澄の志は、この源信の存在を通して未来に開かれていると言っていいのである。

令和三年（二〇二一）十二月

山折哲雄

最澄に秘められた古寺の謎　目次

目次

目次

第3章 比叡山延暦寺をめぐる

目 次

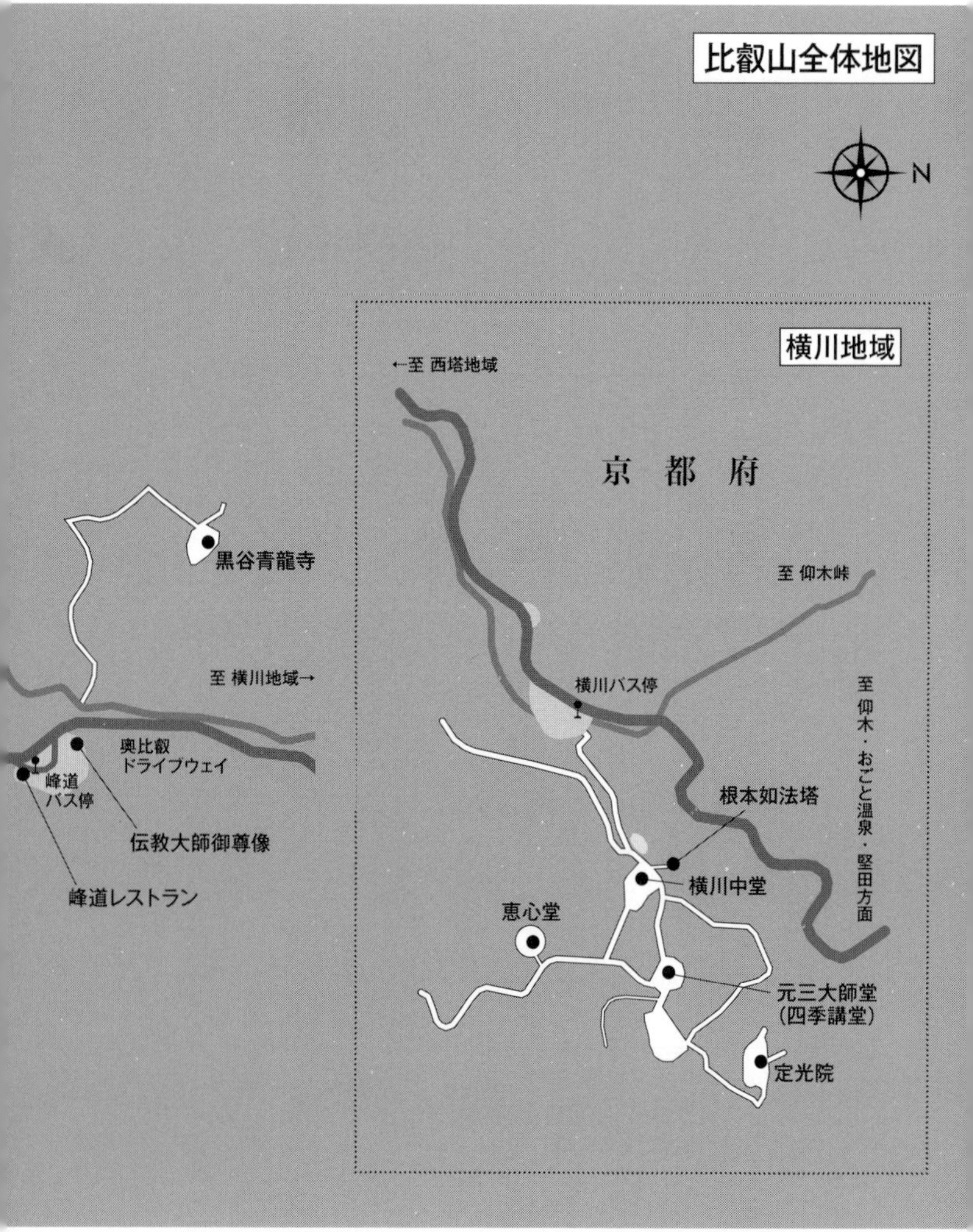

比叡山全体地図
N
横川地域
←至 西塔地域
京 都 府
至 仰木峠
横川バス停
至 仰木・おごと温泉・堅田方面
根本如法塔
横川中堂
恵心堂
元三大師堂
(四季講堂)
定光院
黒谷青龍寺
至 横川地域→
奥比叡
ドライブウェイ
峰道
バス停
伝教大師御尊像
峰道レストラン

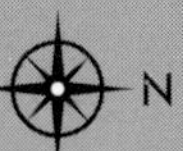

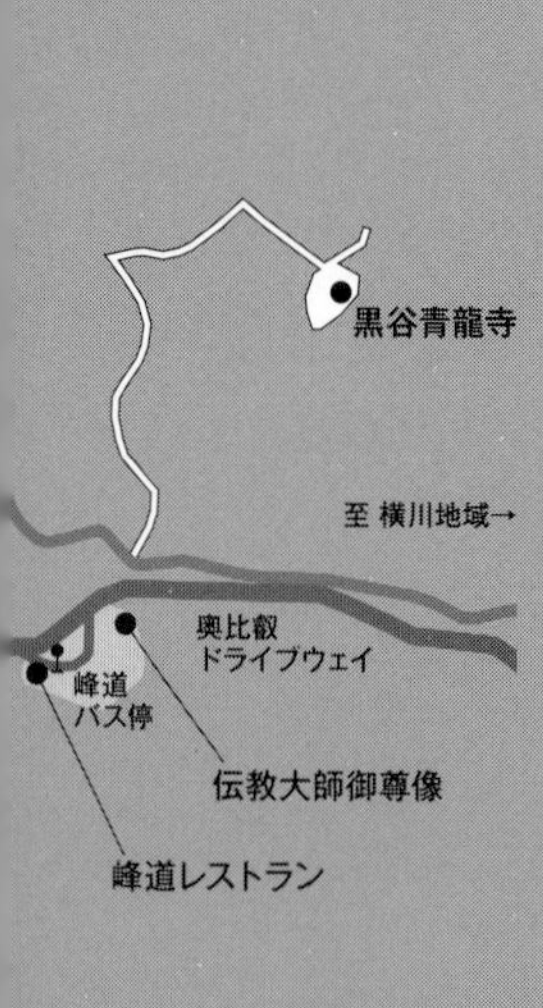

至 ケーブル八瀬
ロープ比叡駅
ケーブル
比叡駅
京　都　府
叡山
ロープウェイ
比叡山頂駅
ガーデン
ミュージアム
比叡
四明岳
比叡山頂
バス停
西塔地域
常行堂・法華堂
(になない堂)
釈迦堂
相輪橖
西塔バス停
東海
自然歩道
←至 夢見が丘・京都・大阪
瑠璃堂
比叡山
ドライブウェイ
浄土院
椿堂
阿弥陀堂
法華総持院
東塔
山王院
東塔地域
売店
東塔
バス停
延暦寺バスセンター
至 夢見が丘
根本中堂(総本堂)
無動寺
バス停
文殊楼
戒壇院
大講堂
延暦寺会館
弁天堂
東海
自然歩道
西尊院
ケーブル
延暦寺駅
無動寺谷
明王堂
坂本ケーブル
至 坂本
大乗院
もたて山駅
滋　賀　県

『聖徳太子及び天台高僧像』のうち最澄像
（国宝、法華山一乗寺蔵、奈良国立博物館寄託）

最澄の生涯 I
生誕から入唐まで

第1章

生家と誕生

比叡山の麓で生まれ育つ

生年は七六六年か、七六七年か

日本天台宗の開祖である伝教大師最澄は近江国（滋賀県）の出身で、奈良時代の生まれだが、誕生年については二つの説があって、かねて論争の的となってきた。

一つは神護景雲元年（七六七）とする説で、最澄に関する最も基本的な伝記『叡山大師伝』に拠っている。『叡山大師伝』は最澄の弟子仁忠または真忠の著で、最澄入寂の翌年にあたる弘仁十四年（八二三）または天長二年（八二五）の成立とされる。ただし同書は生誕年を明記しているわけではない。弘仁十三年（八二二）に寂した最澄の享年を「五十六」（数え年）と記しているので、そこから逆算して七六七年という生年が導かれるということである。

もう一つの説は天平神護二年（七六六）で、こちらは当時の公文書にもとづく。たとえば、宝亀十一年（七八〇）に近江国府によって発給された、最澄を得度させることを認める「近江国府牒」は、当時の最澄の年齢を「十五」と記しており、そこから逆算すると、生年は七六六年となる。最澄の生年を七六六年とする公文書はこの他に二つある（「度縁」「僧綱牒」）。ただし、現存する「近江国府牒」と「度縁」は正文ではなく案文）。

近江国府跡　近江国は交通の要衝であり、その国庁は琵琶湖の南、瀬田川東岸にあった（滋賀県大津市）

近年では後者の説が尊重されるケースが多いようなので、本書でも後者の説、すなわち最澄の生年を天平神護二年（七六六）とする説に立って書き進めてゆくことにしたい。

近江の渡来系の名家に生まれる

最澄の出身地（本貫）は、前掲の「国府

牒」などによれば、近江国滋賀郡古市郷である。滋賀郡の南端を占める郷で、現在の地名でいうと、滋賀県大津市南部の瀬田川西岸一帯にあたる。粟津市という市が置かれ、北側は琵琶湖に臨み、交通や通商の要衝として古くから栄えた土地で、瀬田川を渡った対岸の栗太郡には近江国府があった。

　最澄の出生地については、比叡山東麓の大津市坂本にある生源寺の建つ場所がそれだとする伝承があることがよく知られている。しかし、生源寺の地は、当時の行政区画では滋賀郡古市郷ではなく、一郷置いてその北隣に位置する大友郷に属する。後述する理由から最澄の出生地を大友郷と考えることも可能だが、ふつうに考えれば本貫である古市郷で生まれたはずだ。もしそうだとすれば、生源寺生誕説は、最澄と比叡山との結びつきを強調するために唱えられるようになった後世の伝説と考えられよう。

　最澄の俗姓は三津首、俗名は広野といい、父親の名前は百枝であったと伝えられている。母親については、後世の伝説では、名を藤子といい、のちに妙徳夫人と改めたとする。

『叡山大師伝』によれば、三津首氏（正確には、「三津」が氏で「首」は姓）は中国・後漢の孝献帝（在位一八九～二二〇年）の末裔で、孝献帝の子孫登万貴王が応神天皇の時代（四～五世紀）に来日し、近江国滋賀郡に居地を賜り、また三津首の氏姓を賜ったという。後漢の皇帝の子孫であるとか、応神朝に渡来したといった話は伝説の域を出ないが、三津首氏が大陸もしくは朝鮮半島から海を渡ってやって来た、いわゆる渡来人の系統であったことは間違いない。近江の琵琶湖岸には三津首氏のほかにも孝献帝の子孫と称する渡来系氏族が多く住み着いていたという。

生源寺　三津首百枝の居館跡であり、自らの生誕地でもあったところに最澄が建立したと伝わる（滋賀県大津市）

そして三津首氏は、古くは古市郷ではなく大友郷を本貫としていたとみられている。「三津」とは、大友郷に属する琵琶湖岸の志津・戸津・今津一帯のことをさしているともみられるからだ。したがって、最澄の生源寺生誕伝説はそのことを反映したものではないかとする見方もある（佐伯有清『若き日の最澄とその時代』）。

前掲の「近江国府牒」には、三津首氏の当時

（七八〇年）の戸主が「正八位下」の「三津首浄足」であると明記されている。浄足を最澄の父百枝の別名と解する説もあるが、最澄の祖父か伯父の名とみる説もある。「正八位下」は位階で、地方官人としては上位にあたる。

　ところで、漢字をはじめとする海外の先進的な文化や学問は渡来人によって日本にもたらされて広まった面が大きく、彼らは伝統的に文筆の技に優れ、インテリも多い。日本に仏教が広まったのも、もちろん渡来人の影響がきわめて大きい。

　最澄は、渡来人が多くて外来文化の色彩が濃い、いうなればハイカラな地域の、比較的裕福な役人の一族のもとに生を承けたのである。

法王道鏡と仏教の腐敗

　最澄が生まれたころの日本は、どんな時代だったのだろうか。

　最澄生誕二年前の天平宝字八年（七六四）、国運を揺るがす大事件が発生していた。

　そのころは淳仁天皇の御代だったが、政治の実権は大師（太政大臣）にまで進んでいた恵美押勝（藤原仲麻呂）が握っていた。しかし、しだいに淳仁天皇と先の天皇（女帝）であった孝謙上皇とのあいだに不和が生じ、孝謙が僧侶の道鏡を寵愛するこ

皇室・藤原氏・橘氏系図

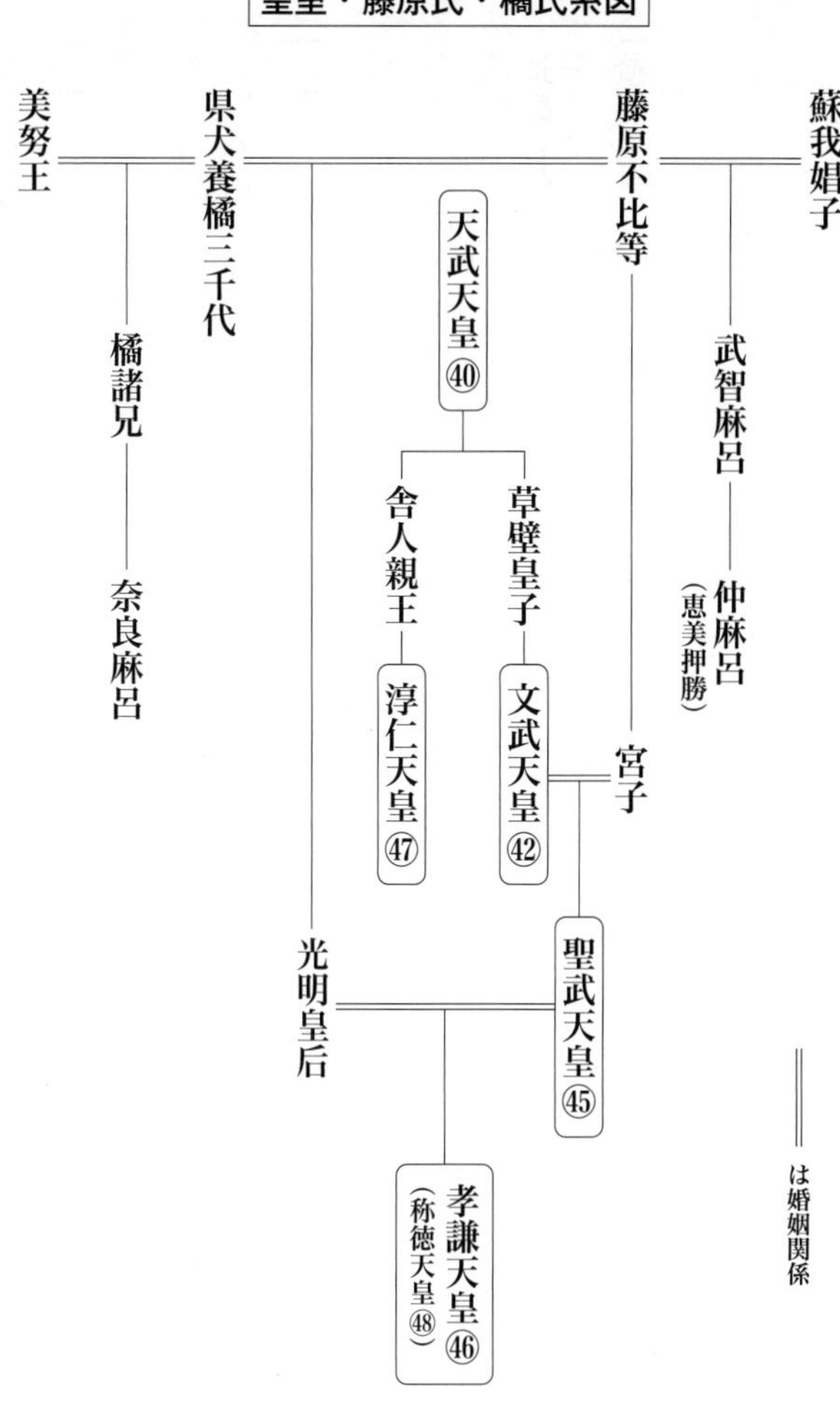
蘇我娼子
藤原不比等
県犬養橘三千代
美努王
天武天皇㊵
武智麻呂
仲麻呂
（恵美押勝）
草壁皇子
舎人親王
文武天皇㊷
淳仁天皇㊼
宮子
橘諸兄
奈良麻呂
聖武天皇㊺
光明皇后
孝謙天皇㊻
（称徳天皇㊽）
は天皇・数字は代数
は婚姻関係

とを淳仁が非難すると、孝謙は激怒。天平宝字六年、孝謙は「国家の大事と賞罰は朕が行う」と宣して、淳仁から権力を奪い取ってしまった。

するとこれによって自分の地位が危うくなることを恐れた押勝が謀反を企てるが、まもなく発覚。押勝は近江国に逃亡するが、孝謙側の兵に捕らえられて斬殺された。これが天平宝字八年九月のことで、この乱は「恵美押勝の乱」とか「藤原仲麻呂の乱」と呼ばれる。淳仁も共謀を疑われてほどなく捕らえられ、孝謙によって皇位を剝奪されたうえ淡路島に流されてしまった。そして皇位はふたたび孝謙の手に戻され、重祚して称徳天皇となった。

最澄が生まれた天平神護二年（七六六）とは、故郷の近江を舞台としたこの一大政変の衝撃がいまだ冷めやらぬ時期であった。

そしてちょうどこの年には、称徳天皇の寵を一身に受けるばかりとなった道鏡がついに法王に任じられている。法王とは仏法の王という意味で、世俗の王である天皇に対置させた称号である。これに勢いを得て、道鏡はついに皇位をもねらうにいたったという。妖僧が政治権力の世界に跋扈したことで、僧侶たちのあいだでは腐敗と堕落が横行しはじめていた。

ところが、神護景雲四年（七七〇）に称徳が五十三歳で病没すると、道鏡は後ろ盾を失ってたちまち失脚。下野薬師寺（栃木県下野市薬師寺）に左遷され、二年後に同地で没した。

伝教大師童形像 昭和12年（1937）に比叡山開創1150年を記念して延暦寺根本中堂前に建立された（滋賀県大津市）

もし称徳がもうしばらく存命だったらば、どうなっていたか。僧侶の道鏡が天皇となり、日本の歴史は異次元の道筋をたどることになっていたことだろう。

日本に仏教が公伝されたのは六世紀なかばのことである。それから二百年以上がたって出現した道鏡によって、日本仏教はいったん大きく歪められてしまったが、彼の退場をうけて、もとの秩序への回帰をめざすことになった。

そんな時代に、最澄は生まれ育ったのである。

仏門に入る

故郷で出家して仏教の基礎を学ぶ

大国師行表の弟子となる

最澄（広野）は、『叡山大師伝』によれば、少年時代から聡明で、七歳のときには学力は周囲をはるかに抜きん出ていて、仏道を志し、「村邑の小学」が彼を師範にしたがったほどであった。「村邑の小学」は小学校のような在地の教育機関の意として往々にして理解されるが、「村里の学力の劣る人たち」と解すべきだとする説（佐伯有清）もある。

宝亀九年（七七八）、十三歳のとき、最澄は出家し、近江国の大国師伝灯法師であった行表という僧侶のもとに入門する。この時点では、出家したとはいえ、最澄はまだ正式な僧侶ではなく、最澄という僧名も名乗っていない。

行表の職名である「国師」とは、諸国に置かれていた国分寺・国分尼寺を監督した僧侶のことで、当時の仏教は国家によって統制されるものだったので、彼らは国家から任じられる役人でもあった。近江国は律令制下では「大国」に区分されたので、行表はとくに「大国師」と呼ばれたのだろう。「伝灯法師」とは朝廷が授ける僧位の一つで、僧位九階の第二位にあたる。

行表は神亀元年（七二四）、大和国葛上郡高宮郷（奈良県御所市）の生まれ。最澄と同じく渡来系氏族の人である。十八歳のとき、奈良大安寺の僧道璿を師として得度した。道璿は中国唐の人で、入唐していた興福寺の普照・栄叡の請いを受けて、戒律を伝える師として日本に招かれ、天平八年（七三六）に来日。大安寺に住し、天平勝宝四年（七五二）の東大寺大仏開眼供養では呪願師を務めている。日本への華厳宗の初伝をもたらしたともされている。ちなみに、普照・栄叡は道璿招請後も唐に留まり、揚州大明寺の鑑真にも渡航を懇願。よく知られているように、難破や失明といった幾多の試練を乗り越えた末、鑑真がついに渡航を果たして平城京に入ったのは、天平勝宝六年のことである。

最澄が最初に入った寺院は比叡山麓の崇福寺か

行表に話を戻すと、彼はのちに近江国の崇福寺（大津市滋賀里町甲）に住し、やがて大国師に任じられた。

近江国の大国師になったというのなら、行表は当然、近江国分寺に居所を移したはずであり、したがって最澄は国分寺に入って行表に師事したことになる。当時の近江の国分寺は国府が置かれた栗太郡勢多郷にあり、大津市野郷原の瀬田廃寺跡がその跡とみられている。瀬田川東岸で、川を西に渡ると最澄の本貫である滋賀郡古市郷である。

ところが、最澄が出家した宝亀九年（七七八）当時は、行表はまだ大国師になっていない可能性があり、したがってそのころの彼は崇福寺を居所としていたはずで、最澄が最初に入ったのはこの崇福寺だとする見方もある（佐伯有清）。崇福寺は比叡山南東側の丘陵地に所在し、志賀寺・志賀山寺とも呼ばれた。七世紀後半に大津宮を都とした天智天皇の発願によって創建されたと伝えられ、弥勒像を本尊として諸堂舎が建ち並び、平安時代はじめには十大寺の一つに数えれるほどに隆盛したらしいが、や

崇福寺跡　『扶桑略記』によれば建立は668年であり、天智天皇が大津京を外敵や災難から守るために比叡山南東に建立したとされる（滋賀県大津市）

がて衰え、中世には廃寺となった。

崇福寺は日本初の山岳寺院ともいわれるが、注目すべきは、比叡山の山すそともいえるそのロケーションである。最澄はのちに比叡山に籠（こも）って山林修行にはげむことになるのだが、そのきっかけの一つは、彼が最初に入った寺院が崇福寺という比叡山麓の山岳寺院だったことにあるのかもしれない。

最澄は比叡山に至近の場所で生まれ育ち、常日頃この山を仰ぎ見ながら仏教を学んだのである。

国家の許可を要した得度と受戒

ここで当時の僧尼制度について簡単

に触れておきたい。

このころの日本では僧侶は国家公務員のようなもので、僧・尼僧になるには国家の許可を得なければならなかった。その場合、大まかには二つのステップがあった。

一つは得度である。得度の本来の意味は「迷いの世界から悟りの世界（彼岸）に渡ること」で、ここから転じて、僧侶になることをさす。しかし、朝廷が僧尼を統制した日本では、教団が自律的に信者や修行者を得度させて僧侶にすることは禁じられた。つまり、得度するには国家の許可が必要であった。そして得度するには、『法華経』あるいは『金光明最勝王経』の暗誦、仏教儀式の修得、三年以上の修行（寺院生活）が必須とされた（『続日本紀』天平六年〔七三四〕十一月二十一日条）。正式に得度すると、国の機関から「度牒」（「度縁」ともいう）という公文書が交付された。それはいわば官僧の身分証明書で、官人が署名して得度者に与えられ、死亡したり還俗したりすると破棄された。一方、官許を得ずに勝手に得度することは私度（自度）と呼ばれ、犯罪となった。

しかし得度しても、その者は沙弥と呼ばれ、僧侶としてはまだ半人前である。正式な僧侶となるには、修学を積んだうえで、「受戒」という関門をへなければならない。

この二つ目のステップである受戒とは、僧団の規範である「戒律」の遵守を誓う儀礼のことである。戒律を師から教わって守ることを「戒律を受ける」と表現することから受戒というのだが、弟子に教える師の側からすれば「授戒」となる。

正式な僧侶が受けるべき戒律は具足戒（小乗戒）ともいい、僧（比丘）の場合は、通常、二百五十もの項目からなる。受戒は戒壇という施設で、一定の有資格者の僧（戒師）の指導のもとに行われることになっていたが、奈良時代後半の日本で戒壇をもつのは、奈良の東大寺、筑前観世音寺（福岡県太宰府市）、下野薬師寺（栃木県下野市）の三カ寺しかなかった。言い換えれば、日本ではこの三寺のいずれかで受戒しなければ正式な僧侶にはなれなかったのだ。このような日本の受戒制度を整備するために中国から招かれたのが、鑑真であった。

受戒を果たすと、そのことを証する文書「戒牒」が授けられた。こうして晴れて一人前の僧侶（大僧）なることができたのである。

近江国分寺で得度し、東大寺で受戒

行表のもとで仏教の基礎を学んだ最澄は、宝亀十一年（七八〇）十一月、十五歳の

とき、行表を師として近江国分寺で得度した。近江国分寺の僧侶最寂が死去して欠員が生じたことによる得度だった。本章の冒頭で触れた「近江国府牒」（案文）はこの折の文書で、太政官（国政の最高機関）・治部省（僧尼や官人の継嗣・婚姻のことなどを司った役所）から指令を受けて近江国府が近江国分寺に対して発給したものであり、「三津首広野」を得度させるよう命じている。

国府牒が出されたのは十一月十日だが、この二日後に広野は得度し、以後、「最澄」と称するようになった。この僧名は、先に亡くなった最寂にちなんだものであろう。

国府牒には、『法華経』『金光明最勝王経』『薬師経』など最澄が得度のために読んだという経典名がいくつもあげられている。先ほど記したように、得度に最低限必要なのは『法華経』もしくは『金光明最勝王経』の暗誦であったが、聡明な最澄はすでにかなりの経典を諳んじていたことだろう。

通常なら得度してまもなく、そのことを証する「度牒（度縁）」が交付されるはずなのだが、最澄の場合はなぜか時間がかかり、約二年後の延暦二年（七八三）正月になってようやく発給されている。遅延の理由は定かではないが、この間に改元、蝦夷の反乱、光仁天皇から桓武天皇への譲位、光仁上皇の崩御などがあり、また、延暦三年には平城京から長岡京への遷都も行われている。こうした政治的変動が遅延に影響していたのではと見る向きもある。

余談になるが、この「度縁」にはちょっとおもしろいことも注記されている。「三津首浄足の戸口、同姓広野、黒子、頸の左に一つ、左の肘の折上に一つ」。最澄は首の左側に一つ、左腕の肘の関節部分に一つ、黒子があったというのだ。現代でいえば、指紋や血液型に相当する肉体的特徴として記録されたのだろう。

さて、得度後も最澄は行表のもとで修行を続けたとみられるが、延暦四年、ついに受戒する。場所は東大寺戒壇院においてであった。

そのことを記録した「僧綱牒」という文書が残っている。僧綱（寺院や僧尼を監督して仏教を統轄した役所）が最澄の受戒が終わったことを近江国師に通達したもので、大僧都の賢璟（興福寺法相宗の僧）をはじめとする僧官たちが署名している。文書は四月六日付になっているので、おそらく三月下旬か四月のはじめに最澄は受戒儀礼を行ったのだろう。

こうして最澄は正式な僧侶となった。歳はちょうど二十であった。

比叡山へ

山林修行の道に入る

出世の道を棄てて比叡山に入る

東大寺で受戒した最澄は、ふつうなら近江国分寺に戻り、そのまま国分寺僧として活動し、官僧としてのキャリアを着実に積み上げていったはずである。

ところが、『叡山大師伝』によると、受戒からおよそ三カ月後の延暦四年（七八五）七月中旬、最澄は突如として比叡山に登って草庵を結び、山林修行の道に入ってしまった。ただし、当時の法律（僧尼令）では、山に入って修行するには役所の許可が必要であった。生真面目な最澄のことだから、正規の手続きをへて山に入ったことだろう。

それにしても、なぜ最澄は比叡山に入ったのか。いったいなにが才気にあふれた青年僧を人跡もまれな山中へと駆り立てたのだろうか。

ここで、当時の日本仏教界を概観しておこう。

日本仏教には、奈良時代までに、三論宗・成実宗・法相宗・倶舎宗・華厳宗・律宗のあわせて六宗派が成立していた。もちろん、天台宗も真言宗もまだ存在していない。これら六宗は中国仏教に由来するが、東大寺・興福寺など奈良（南都）の大寺で学ばれたことからのちに南都六宗と総称されることになるが、奈良時代には国家公認の正統仏教として扱われ、なかでも三論宗と法相宗に勢いがあった。ただし「宗」とはいっても教団的な色彩は薄く、僧侶たちの学派・学科のようなもので、また僧侶はどれか一宗に限定することなく、諸宗を兼学するのが一般的だった。したがって、若き日の最澄もまた、行表のもとや東大寺などでこれら南都六宗を熱心に学び修めたことだろう。

しかしここで留意したいのは、こうした南都仏教が、基本的には、個人や庶民の救済ではなく、天皇と国家の安寧を祈念するためのものであったことだ。大寺院で行われる法会は国家の繁栄を目的としたものであり、仏教に期待されていたのは何よりも護国的な呪力であった。したがって、官僧の世界では、いきおい、なるべく大きな寺院に入って国家的な法会に出仕できるようになることが目標になった。

また受戒にしても、日本では、仏道修行の一環としての受戒や戒律の意義はしばしばなおざりにされ、実質的には官僧の育成と統制がその目的と化していた。

さらに注目すべきことがある。最澄が比叡山に入る直前の延暦四年五月、朝廷は僧侶が村里に出入りして布教することを禁じる命令を下しているのだ。為政者側には、各地を行脚する僧侶の姿が民衆をたぶらかしているように映ったのかもしれないが、民衆教化と利他行を志した僧侶からすれば、悄然としてしまうような通告だろう。

当然、当時の最澄には「まだ自分には修行が足りない」という思いもあったことだろう。だがそれに加えて、彼の胸にはこのような形骸化した日本仏教の現実への幻滅があった。そのことが官製的な寺院との決別と閑寂な環境での仏道修行へと彼を駆り立て、故郷近くの霊山へ向かわせることになったのではないだろうか。

『叡山大師伝』は、最澄が山林修行に入った動機を次のように説明している。

「世間が無常で栄枯盛衰のあることを観じ、正しい仏法が衰微して人民が哀れな境遇に落ちぶれていることを嘆いて、衆生を救うという仏への広大な誓願を心に立て、身を山林に遁れようとした」（世間の常ならず、栄衰の限りあるを観じ、正法の陵遅し、蒼

生の沈淪せるを慨いて、心を弘誓に遊ばし、身を山林に遁れんとす）

また、最澄が比叡山に入る前か後なのかは不明なのだが、じつは延暦四年中に近江国分寺が火災で焼失していて（『日本紀略』弘仁十一年〔八二〇〕十一月二十二日条）、そのことも最澄の比叡山入りに影響したのではないかとする説もある。

比叡山　東大寺で具足戒を受け、正式な僧となった最澄は、すぐに故郷の比叡山に籠ることになる

ちなみに、この火災後、近江国分寺は再建されず、滋賀郡古市郷にあった国昌寺が近江国の国分寺の寺格を継承した。古市郷といえば最澄の郷里である。朝廷から最澄に宛てた、延暦二十四年九月十六日付の文書「唐に向かいて法を求むる最澄に賜う伝法の公験・一首」（『顕戒論縁起』所収）に「国昌寺僧最澄」とあることなどから、最澄は比叡山に籠る直前からは僧籍を国昌寺に置いていた可能性が高いとされる（佐伯有清『若き日の最澄とその時代』）。

比叡山修行への決意を示した「願文」

比叡山に入った最澄は草庵に住まい、四恩（父母・衆生・国王・三宝への恩）のために日々欠かさず『法華経』『金光明経』『般若経』などを読誦し、また坐禅にはげんだ（『叡山大師伝』）。

このように書くと、最澄は人気のない寂静の山中でひとり仏道修行に取り組んでいたように映るかもしれない。だが、どうも当時の比叡山には、最澄に先んじて山林に身を投じた修行者がちらほらいたらしい。比叡山に入った最澄について、『叡山大師伝』は「凡そ諸門徒、行を見て心を貴び、志を見て貴びを増し、寒熱を憚らず、飢饉を憂えず、共に山林の深志を結び、皆利生の宏基（衆生を済度するという壮大な営みの基礎）を慕えり」と記していて、最澄に仲間、同行者がいたことがほのめかされているからである。

そして、寒さ・暑さに構わず、飢えをものともせず、修行に邁進するなかで、最澄はみずから『願文』をしたため、僧侶としての決意を表白した。

最澄は、名文として知られるこの『願文』において、人身の得難いなか、五濁にまみれた無常の世に生まれた人間がどうすれば苦を免れることができるだろうかと考察しつつ、自己を深く反省して「愚が中の極愚、狂が中の極狂、塵禿の有情、低下の最澄」と記す。この場合の「愚」とはたんに「愚か」という意味ではなく、仏道を修しながら智慧を学ばないことを、「狂」とは、それとは逆に智慧を学びながら仏道を修さないことを意味するのだという（『若き日の最澄とその時代』）。「塵禿の有情」とは「煩悩に汚れて罪深い衆生」ということである。

このような真摯で徹底的な自省を行ったうえで、さらに最澄は「最高の悟りを得るために五つの願を発する」と述べる。その五つの願とは、次のようなものであった。

一　我れ未だ六根相似の位を得ざるより以還、出仮せじ（自分は六根相似の位を得ないうちは、俗世間に出ない）。

二　未だ理を照す心を得ざるより以還、才芸あらじ（真理を観照する心を得ないうちは、世俗の技芸に関わらない）。

三　未だ浄戒を具足することを得ざるより以還、檀主の法会に預らじ（戒律をしっかりと身につけないうちは、檀家の法会を引き受けない）。

四　未だ般若の心を得ざるより以環、世間人事の縁務に著せじ。相似の位を除く（智慧の心を得ないうちは、俗世間の仕事に近づかない）。

五　三際の中間にて、所修の功徳、独り己が身に受けず、普く有識に廻施して、悉く皆無上菩提を得せしめん（積んだ功徳を、ひとりわが身に留めることなく、あまねく生きとし生けるものに回し施し、すべてに至上の悟りを得させる）。

各願の（　）内の文は、あくまで筆者による意訳だが、この願文でまずポイントとなる言葉は、第一の願にみえる「六根相似の位」と「出仮」であろう。

「六根相似の位」とは、眼・耳・鼻・舌・身・意の六根が仏と同じように清浄になった段階をいう。天台教学ではこれを「相似位」あるいは「相似即の位」ともいい、六段階（理・名字・観行・相似・分真・究竟）からなる修行階梯（六即）の下から四番目に位置づけている。それはいまだ凡夫のレベルであるが、凡夫のなかではもっとも上位であり、容易に達しうるものではない。

「出仮」は、仮の世界である世間に出ていくことで、仏もしくは菩薩の境地を得たら衆生を救うためにふたたび現世・俗世に戻るということが含意されている。この願を立てたときの最澄の情況にあてはめれば、比叡山を下りて俗世間へ戻るということである。

つまり、「仏と同じように六根が清浄になるレベルに達するまでは、比叡山に籠って修行を続ける」と最澄は宣言しているわけである。

「願文」全体としても、「一定の悟りの境地に達するまでは俗世間に近づかない」という内容になっているが、第五の願では、自分ひとりの悟りを目的とせず、あらゆる生命・衆生を悟りに導くという決意も示されている。最終的には自利ではなく利他をめざすのだ、ということであろう。

『願文』の最後は、「仏国土を浄め、衆生を成就（じょうじゅ）して、未来際（みらいざい）を尽すまで、恒（つね）に仏事を作（な）さんことを」という文でしめくくられている。「未来際」とは「未来の果て」という意味で、すなわち「永遠」ということである。輪廻転生（りんねてんしょう）をいくら繰り返そうとも未来永劫、仏道を進む――それこそが最澄の本願であった。

先に記したように、当時、比叡山には最澄のほかにも修行者がいたが、仏道への決意にかけては、最澄に勝る者は誰一人いなかっただろう。

『叡山大師伝』によると、内供奉（ないぐぶ）という宮中の僧職にあった寿興（じゅこう）が、経緯は不明ながら、この「願文」を目にして感銘を受け、最澄と親しく固い交わりを結んだという。

一乗止観院の創建

『叡山大師伝』には記載はないが、伝承によると、比叡山に入って三年がたった延暦七年（七八八）、最澄は「一乗止観院」を建立し、自らが刻した薬師如来像を安置したという。一乗止観院を本堂とする寺院の称が比叡山寺であり、さらに比叡山寺が弘仁十四年（八二三）に改称されて延暦寺となった。そして、一乗止観院は延暦寺の総本堂である根本中堂の原形とされている。したがって一般には、一乗止観院の建立が延暦寺の起源とされている。

ただし、最澄が延暦七年に一乗止観院を建てて薬師像を造ったという伝承を記す現存最古の史書は、十二世紀ごろ成立の『扶桑略記』である。そのため、史実ではなくあくまで伝説ととるべきなのだろうが、いつしか延暦寺の本尊として崇められるようになったその薬師像は、中世に火災で焼失するまで、最澄自刻のものと信じられていたようである。ここで、数ある仏菩薩のなかでなぜ最澄は薬師如来を選んだのかという疑問も生じるが、その理由は史料にははっきり記されておらず、よくわかっていない。最澄が最も重んじた経典である『法華経』には、薬師如来は登場しない。薬師如来は治病の仏として広く信仰されてきた仏だが、日本では奈良時代末ごろから薬師信仰が流行したので、その影響ではないかと見る向きもある。

一方、そのころ比叡山の外はどんな様子だったかというと、またも政界を揺るがす大事件が起きていた。

最澄が山に入った延暦四年の九月、桓武天皇に信任されて長岡遷都を主導した藤原種継が何者かによって暗殺されたのだ。まもなく犯人・関係者として数十人が逮捕され、皇太子早良親王（桓武天皇の同母弟）も関与を疑われて乙訓寺（京都府長岡京市今里）に幽閉された。無実を主張する親王は自ら飲食を断ち、淡路島へ移送される途中に憤死してしまう。それでも遺体は淡路に運ばれて、その地に葬られた。

事件はこれで収まらなかった。延暦七年に桓武天皇夫人の藤原旅子が亡くなると、天皇親近者の死や病が相次ぐようになり、早良親王の怨霊の祟りによるものとしきりに噂されるようになったのだ。延暦九年には疫病が大流行したが、これも親王の祟りと信じられた。桓武天皇の怨霊に対する恐怖心は強烈で、このことが長岡京の廃棄と延暦十三年の平安遷都につながったといわれている。

法華一乗へ

天台法門に目覚める

天台文献を精読する

気宇壮大な誓願を立てた最澄だったが、比叡山にはそんな最澄の修学に必要なテキストが十分には揃っていなかった。だが逆にこのことが、最澄と天台宗との結びつきをうながす大きな要因になった。

『叡山大師伝』によると、比叡山に籠っているあいだ、最澄は『大乗起信論疏』『華厳五教章』などを読んだが、これらのテキストが中国天台宗の開祖である天台大師智顗の教えを重んじていることを知ると、智顗のテキストを直接読みたいと強く思うようになった。しかし残念ながら当時の比叡山には天台教学の典籍がなく、最澄は涙を流して慨嘆した。

そんな折、最澄は幸運にも天台文献の所在を知っている人物と出会い、智顗の教説書である『円頓止観』（『摩訶止観』の要約）『法華玄義』『法華文句疏』（『法華文句』の注釈書）『四教義』『維摩疏』などを書写し、精読することができた。それらの法文はかつて鑑真が唐から将来したものであったという。

『叡山大師伝』は、最澄が誰を介して、どこで天台典籍を書写したのか、書いていない。しかし、鑑真が将来した仏典の写本を近江国滋賀郡の梵釈寺が所蔵していたことは明らかなため、最澄は梵釈寺で書写したのだろうといわれている。梵釈寺は最澄の比叡山入山の翌年である延暦五年に桓武天皇によって建立された寺院である。中世には廃寺となったが、その場所は比叡山の南東麓で、先に触れた、出家した最澄が最初に入った寺院とする説もある崇福寺に近接していたと考えられている。

思いがけず、比較的近場の、しかも自分には馴染み深い土地に建つ寺に天台教学の基本テキストが蔵されていることを知った最澄は、喜び勇んで訪ねたことだろう。

法華一乗を説く智顗の天台宗

ところで、天台宗とはどんな教えなのだろうか。

最澄はのちに日本に天台宗を開くことになるのだが、彼はあくまで日本天台宗の開祖であって、天台宗そのものは中国が発祥地であり、前述の智顗（五三八～五九七年）を開祖とする。

智顗は荊州華容県（湖南省北端）の出身で、十八歳で出家。五六〇年、二十三歳のとき光州（河南省）大蘇山の慧思の弟子となり、法華三昧（『法華経』にもとづく行法）を修して開悟した。三十八歳のとき浙江省台州の天台山に入り、以後十一年間、山に籠って思索と実修に努め、宗教的境地をさらに深めて教学を体系づけた。智顗の教学は天台山にちなんで天台宗と呼ばれ、『法華経』を重んじることから天台法華宗とも呼ばれる。その教義の特色は、『法華経』を中心にして全仏教を体系づけた点や、法華三昧のための瞑想行としての「止観」を確立した点にある。「止」は心を一つの対象に結びつけること（パーリ語のサマタにあたる）、「観」は対象をありのままに観察すること（ヴィパッサナー）を意味する。

このような『法華経』を根本とする天台宗の立場を象徴するのが「法華一乗」という言葉だ。これは、「仏教にはさまざまな教えがあるが、どれも仏が人びとを導くための手段（方便）として説いたもので、真の教えはただ一つ（一乗）であり、その教えによってすべてのものが等しく成仏できる」という、『法華経』で強調して説かれている教えである。

そして智顗教学の基本テキストが、『法華玄義』（『法華経』を中心とした仏教概論）・『法華文句』（『法華経』の注釈書）・『摩訶止観』（止観の解説書）からなる「天台三大部」であった。

智顗　中国の南北朝・隋代の学僧であり、天台教学の大成者。最澄は智顗の教えを日本天台宗の根本とした

天台教学への興味が俄然湧きおこったとき、最澄ははしなくも比叡山のそばでこの天台三大部を閲覧することがかなった。最澄にとって、それは天台宗との本格的な邂逅であり、天台教学の深遠さに惹かれた最澄は、その修

学に没頭してゆく。

内供奉十禅師に任じられる

延暦十年（七九一）、最澄は「修行入位」という僧位を僧綱から授かった。

このころの朝廷が公認する僧位には「伝灯」と「修行」の二系列があり、それぞれに「大法師位」「法師位」「満位」「住位」「入位」の五段階があった。したがって、最澄は「修行」系列のいちばん下位の僧位を授かったことになる。

ところが、この僧位授与についてはかねて疑問点も示されてきた。延暦十年の最澄への修行入位授与を証する文書（位記）が延暦寺に残っているのだが、当時の最澄は、生年を天平神護二年（七六六）とするならば年齢が二十六、受戒が延暦四年（七八五）ならば法臈（受戒からの年数）が七年のはずなのだが、位記は最澄の年齢を三十、法臈を十年としているからだ。

しかし現存する位記が偽文書である可能性は低く、年齢・法臈の齟齬は何かの間違いで、最澄がこの時期に修行入位を授かったのは確かだろう、とするのが一般的な見方となっている。

僧位は僧官としての階級を示すものではなく、僧の知徳や学識に応じて与えられるものであった。最澄が最下位とはいえ僧位を得たことは、比叡山に籠って六年がへるなかで、最澄の名が着実に仏教界に広まり、彼の山林修行が公的にも評価されるようになったことのあらわれとみるべきだろう。

そして延暦十六年、最澄は「内供奉」に任じられる。

内供奉とは、先にも少し触れたが、宮中の仏教道場である内道場(ないどうじょう)に出仕する僧侶の職名で、十名の僧侶が任じられることから、内供奉十禅師(じゅうぜんじ)ともいう。天皇の安穏を祈念することが務めであり、学徳兼備の僧でなければ選ばれない重任である。

そんな十禅師に欠員が生じたため、比叡山で浄行を修めていた最澄に白羽の矢が立ったのだ。おそらく、朝廷とパイプをもつ有力な僧侶のなかに彼を推挙する者がいたのだろう。先んじて内供奉の任にあった、最澄の『願文』を見て共鳴した寿興が推薦した可能性もある。ただし、この時代の仏教の性質を考慮すれば、朝廷側が最澄に期待したのは、学僧の豊富な知徳というよりは、清廉な山林修行者が身につけると信じられた験力(げんりき)・加持力(かじりき)だったであろうことは想像できる。時の桓武天皇が早良親王の怨霊を極度に恐れていたことは、先に記したとおりである。

同じ年、最澄の師行表が奈良の大安寺で遷化(せんげ)している。最澄はときに三十二歳で、比叡山に入って十二年がたっていた。かつて入山してまもなく「修行が成就するまでは俗世間に出ない」という誓願を立てたが、いよいよ俗世間に出る「出仮」の時を迎えたのだった。

三年前の延暦十三年に、都は長岡京から平安京へ遷っていた。その新たな都は比叡山南西麓で、西側に山を下ればすぐそばの地に広がっていた。内供奉となった最澄は、しばしば山を降りて平安京内裏(だいり)に足を運んだことだろう。

ところで、比叡山は平安京の東北＝鬼門にあるため、平安遷都に際して鬼門除けのために延暦寺が開創されて皇城鎮護を担ったとする伝説があるが、ここまで記してきたことからも明らかなように、最澄は延暦寺の前身となる一乗止観院を平安遷都以前に創建していて、史実とは合わない。延暦寺鬼門除け説は、平安時代なかばに鬼門を説く陰陽道(おんみょうどう)が隆盛してからのちに生じたものとみるべきだろう。

一切経書写に取り組む

最澄の僧侶としての対外的な活動が忙しくなるのは、このころからだ。

『叡山大師伝』によれば、延暦十六年に内供奉十禅師に任じられたのち、最澄は仏法を弘めて衆生を救済することを発願し、弟子たちと相談して一切経を書写して比叡山にそろえる計画を立てた。一切経とは大蔵経ともいい、厳密にいえば、経・律・論の三蔵及びその注釈書を含めたあらゆる仏典の集成で、膨大な巻数に及ぶ。書写の原本をどこから取り寄せたのかは定かではないが、最澄とその門弟たちは一心に書写に励み、一つの経典を写し終えるたびにそれを読誦し、昼夜を問わず精励して経典の内容を理解したという。

ところで、一切経の原本をそろえるにも、書写にあたっての用紙を備えるにも、経生（経典を書写する人）の確保にも、それなりの経費がかかる。しかし、当時の最澄にはもちろん十分な蓄えはない。そこで最澄は南都七大寺（東大寺・興福寺・元興寺・大安寺・薬師寺・西大寺・法隆寺）に経済的援助を呼びかけることとし、大寺の僧侶から一匙ずつ米の寄進を請うべく奈良に使者を遣わし、自らが準備した願文を諸寺に届けさせた。

この呼び掛けにまず道心堅固で知られる大安寺の聞寂が応じ、彼は別院の龍淵寺の衆僧を率いて寄進を行い、書写を助けた。さらに鑑真の持戒第一の弟子といわれた道忠もこれに続いた。道忠は当時は関東で熱心に布教活動を行っていて、「東国の化主」といわれ、多くの優れた弟子を育てていた。その道忠が、経・律・論の三蔵二千余巻を最澄のために助写したという。東国から大量の写本が比叡山に届けられたのだろうか。それとも、道忠の弟子が助っ人として最澄のもとに派遣されたのだろうか。道忠の協力は、後年の最澄の東国巡化の伏線となった。

各地の寺院や僧侶の支援を得て、比叡山の経蔵は徐々に満たされていった。このとき書写された数多の経巻は、元亀二年（一五七一）の織田信長による比叡山焼討ちまで残っていたという。

高雄山寺で法華十講を催し、天台を広める

その後の最澄の活動を『叡山大師伝』から追ってみると、延暦十七年、三十三歳のとき、「法華十講」の法会をはじめて催した。法華十講とは、『法華経』八巻・『無量義経』一巻・『観普賢菩薩経』一巻のあわせて十巻を講義する法会である。

法華十講は以後毎年十一月に比叡山で行われるようになったが、四回目の延暦二十年の法華十講では、南都七大寺の僧侶から高僧十人を比叡山に招いて講演と論議を行

神護寺　天長元年（824）に和気氏の氏寺であった高雄山寺と神願寺が併合された寺院である（京都市右京区）

ってもらうことを最澄は企図し、招請状を各所に送った。その懇請に応じて、七大寺から十人の高僧が比叡山の一乗止観院を訪い、法華十講の法会に参集した。このとき、最澄と十人の大徳たちのあいだでは活発な議論が交わされたという。

続いて延暦二十一年には、和気弘世・真綱兄弟の主催により高雄山寺で天台教義を講じる法会が開かれたが、南都諸大寺の高僧十余人（先の法華十講に参集したメンバーを含む）とともに最澄もこれに招かれた。

弘世・真綱兄弟は、称徳天皇の時代に道鏡の野心を阻止しようとしたために左遷された公卿和気清麻呂の子である。清麻呂は称徳が崩じて道鏡が失脚すると復権し、桓武天皇の信任を得て長岡京・平安京の造営などで活躍したが、仏教に深く帰依した。延暦十八年に没しているが、生前、最澄と交流があった可能性もある。高雄山寺とは京都高雄にあった山寺で、のちには神護寺（神護国祚真言寺）と改称して真言宗寺院となるが、当時は和気氏の氏寺であった。

篤信の父清麻呂の遺志を継ぐ弘世・真綱が開いた講会は、三年前に亡くなった兄弟の伯母広虫（法均尼）の追福が発端であったともいわれるが（佐伯有清『若き日の最澄とその時代』）、そこでは智顗の『法華玄義』『法華文句』『円頓止観』などが講じられて、天台教学の真髄が説き明かされた。

しかもそれは一回きりではなく、正月にはじまって、断続的に九月ごろまで行われていたらしい。そんな長期にわたったこともあってか、やがてこの天台講会の評判は桓武天皇の耳にも届く。そして八月二十九日、天皇は勅使を遣わして弘世に口宣を賜り、「天台の深遠な教えを明らかにしたこの講会に随喜し、これによって積まれる功徳を称嘆する」と伝えたのだった。

この口宣に対し、講会に参集した僧侶を代表して大安寺三論宗の学僧善議が謝辞を捧呈しているが、そこにも、天台の教えが深遠であり、諸宗に抜きん出たものだといった讃辞が書かれている。またこの謝辞は、聖徳太子が天台大師智顗の師慧思の生まれ変わりであるとする伝説に触れ、天台仏教と日本の深い縁を指摘している点も注目される。聖徳太子慧思後身説は、鑑真の渡来などを機に八世紀後半からしきりに流布していた伝説であった。日本で天台法門が重んじられ、最澄が天台教学に強く惹かれたのも、日本仏教の礎を築いた聖徳太子の前世が慧思だったとする伝説の広まりと決して無関係ではない。

加えて、皇太子の安殿親王（のちの平城天皇）も、この講会のことを知って随喜したという。

最澄は講会では講説者として中心的役割を果たしたと思われるが、講会が天皇や皇太子をも魅了したことで、天台教学は新たな仏教潮流として大きく注目されることになった。そして最澄もまた、その潮流を牽引する気鋭の僧侶として衆目を集めることになったのである。

入唐求法の旅

本場の天台宗を学ぶ

桓武天皇の指名で唐への還学生となる

天台教学への興味を高めた桓武天皇は、延暦二十一年（八〇二）九月七日、高雄山寺の天台講会を主催した和気弘世に、どうすれば天台宗を興隆させることができるか諮問を行った。そこで弘世は最澄に相談し、最澄は文をしたためて天皇に上表した。その内容は、要約すると次のようなものであった。

「日本にある天台文献は誤字や脱字が多く、細かい点が明らかにされていません。ですから、天台宗の本場である唐に留学生（長期間滞在して学問・仏教を学ぶ者）と還学生（短期で学問・仏教を学ぶ者）を一人ずつ派遣し、天台宗を学ばせることができればと思います。

現在日本に伝わっている三論宗と法相宗は経典の注釈書である論書にもとづいた宗派ですが、天台宗は釈尊が直接説いた経典にもとづいた宗派であり、仏教の根本です。ぜひとも天皇陛下の御代に天台宗の深遠な教えを唐から学びとり、『法華経』の真実の教えを日本に広めさせていただきたいと思います」

要するに、僧侶を中国に留学させて本場の天台宗を学ばせてはいかがでしょうか、と最澄は天皇に提案したのである。

この上表は聞き届けられ、最澄の門弟である円基（えんき）と妙澄（みょうちょう）の二人が留学僧として入唐（にっとう）することがいったん決まった。

ところがほどなくこれは覆され、なんと最澄本人が入唐することに変わった。九月十二日になって桓武天皇が弘世に対し「いったい最澄を措いて、誰が天台の真髄を体得できようか」と伝えたからで、結局、天皇の指名で、最澄が還学生（正式には「入唐請益天台法華宗還学生（にっとうしょうやくてんだいほっけしゅうげんがくしょう）」という）として唐に渡ることになったのだ。

このとき最澄は三十七歳で、唐語を習得していた弟子の義真（ぎしん）が通訳（求法訳語（ぐほうやくご））として随行することになった。

遣唐使は遭難していったん中止となり、九州へ

ちょうどこの時期は平安時代に入って最初の遣唐使が計画されていた。

遣唐大使に任命されていたのは藤原葛野麻呂、副使は石川道益で、宝亀九年（七七八）の送唐客使以来の派遣であった。

さまざまな準備や行事をへて延暦二十二年四月一日、大使は天皇から節刀を賜り、四月十六日、遣唐使一行は難波津を発った。総勢はおそらく六百名前後であったと考えられ、四艘の船に分乗した。第一船には大使が乗り、最澄は副使とともに第二船に乗り組んでいた。

ところが遣唐使船は出帆後まもなく暴風雨に見舞われ、船は破損。溺死者も多数生じ、五月二十二日、渡航はあえなく中止と決まった。

ただし、最澄はどういうわけかこの年の閏十月には九州にいた。船の遭難から九州滞在までの経緯については詳しい史料が残っていないので推測するしかないのだが、「最澄の乗った船は遭難せず、九州の博多津に着岸して他の船が来るのを待っていた」「遣唐使船が遭難した後、最澄ら留学僧・還学僧は他の便船に乗って九州に先発

し、現地の寺社で渡海の安全を祈った」などといった仮説がとなえられている。

さて、九州に入った最澄はまず大宰府の竈門山寺（福岡県太宰府市内山にあった、竈門神社の神宮寺）を詣で、渡海の加護を祈って薬師如来像を刻し、『法華経』などを講説し、また豊前国田河郡（福岡県田川郡香春町）の賀春山のふもとに寄宿して法華院（神宮院）を建て、『法華経』を講じたという。

最澄は再渡航までの月日を無為に過ごさず、布教教化にせわしなく動きまわっていたのである。

復原遣唐使船　当時の航海技術は未熟ななか、最澄は平安時代最初の遣唐使船に乗り荒波の航海に身を投じた（奈良県奈良市）

荒波にもまれながら、なんとか唐に着く

延暦二十三年三月、遣唐大使藤原葛野麻呂はふたたび天皇から節刀を授かり、まもなく難波津から遣唐使船四艘が再出航した。そして肥前国松浦郡田浦（長崎県平戸市大久保町か）に立ち寄り、七月六日に出港してついに

天台山への道程

唐へ向かった。九州に滞在していた最澄はここから第二船に乗り込んだらしい。このとき大使が乗っていた第一船には、のちに真言宗を開くことになる空海（くうかい）が唐での長期滞在を目的とする留学生として乗り組んでいた。もっとも当時三十一歳の空海は、最澄とは違ってまだほぼ無名の一僧侶にすぎなかった。

ところがまたも暴風雨に見舞われ、四艘の船は散り散りになってしまう。

大使や空海を乗せた第一船は、荒波にもまれながらも八月十日に唐の福州長渓県（ちょうけいけん）赤岸鎮（せきがんちん）になんとかたどり着いた。しかしそこは、目的地よりもはるかに南方であった。

一方、副使の石川道益と最澄の乗った第

二船は、幸いなことに目的地である明州鄮県（浙江省寧波）に到着することができた。それは七月下旬か八月初めのころであったとみられる。『叡山大師伝』によれば、はげしい暴風にあって乗組員たちが死への恐怖におびえるなか、最澄が大悲の心を起こして所持していた舎利を海神である龍王に施すと、たちまち暴風はやみ、船は順風を帆にうけて進んだという。ただし、副使の道益は到着後まもなく病死してしまった。

第三船はいったん九州に戻ったあと翌年にふたたび出航したが、たちまち南風にあおられて漂流し、孤島に漂着するも、結局船は流されてしまった。第四船の消息は記録されていないのだが、難航の末、かなり遅れて唐に着岸したとみる説がある（佐伯有清『若き日の最澄とその時代』）。第四船の乗組員（遣唐判官）だったとみられる高階遠成が大同元年（八〇六）に唐にいて、唐から位階・官職を賜っていたことが史料から知られるからである（『朝野群載』巻第二十「異国」）。

唐への渡航は、まさしく命懸けの旅であった。

天台山を巡礼する

唐での最澄の足取りをたどってみよう。

八〇四年（延暦二十三年）九月一日、第二船の一行は都長安をめざして明州を発ったが、体調を崩していた最澄は、これには同行せず明州に留まった。

その一方で、最澄は天台宗の聖地である天台山（浙江省台州）へ巡礼する準備をすすめた。最澄が天台山をめざしたのは、もちろんそこが天台教学の本場であるからだが、もう一つの大きな理由があった。唐への出立に先立ち、最澄は皇太子安殿親王からあることを頼まれていたのである。『法華経』『無量義経』『観普賢経』の書写経（『法華経』は金字で書写された）を天台山に納め、智顗を供養するよう託されていたのだ。このこともあって、多額の資金が皇太子から施与されていた。ということは、最澄が長安に向かう一行を離れて天台山への道をとったのは、予定通りの行動でもあったのだろう。

明州の役人から天台山巡礼の許可を得て公験（パスポートのようなもの）を与えられた最澄は、九月十五日、義真と従者の丹福成（丹比福成）とともに明州を発った。明州から天台山までは約百キロの道のりである。

同月二十六日には天台山のある台州に入った。そして台州の刺史（長官）であった陸淳と面会し、金十五両と筑紫の雁皮紙二百張などの物品を献上した。

ところが、金十五両を陸淳が受け取らなかったため、最澄はその金で紙を購入し、智顗の主著『摩訶止観』を書写したいと陸淳に申し入れた。陸淳はこの希望に応え、中国天台宗第七祖で天台山修禅寺座主の道邃に命じて工人を集めさせ、『摩訶止観』書写の指揮をさせた。道邃はちょうどそのとき天台山から台州の龍興寺に来ていて、『摩訶止観』を講説していたところであった。最澄の求法の志をみた陸淳は随喜して、「道を広めるのは、人である（道を弘むるは人に在り）」と述べたという（『叡山大師伝』）。

その後、最澄一行はいよいよ天台山をめざして出発し、十月六日、天台山の仏隴寺（禅林寺）に着いた。翌日、仏隴寺の僧行満に面会した。行満は天台第六祖湛然の弟子であった。皇太子から託された『法華経』をはじめとする三部経典は、このとき行満に呈上されたことだろう。

十三日には仏隴道場に登り、まず中国禅宗の一派である牛頭禅の法を受けた。十四日には行満本人から伝法が行われ、『法華経疏』など八十二巻の仏典が最澄に授与された。このとき行満は感激して、「かつて智顗は『私が寂して二百年あまりすると、東国で私の仏法が興隆するであろう』と語ったそうだが、この聖人の言葉は朽ちず、今、この人最澄に会うことができた」と述べたという。

最澄は二十五日には行満とともに仏隴寺に下った。また、十月中には天台山国清寺の惟象から大仏頂大契曼荼羅の行事を伝授され、密教を相伝したという（『内証仏法相承血脈譜』「雑曼荼羅相承師師血脈譜・一首」）。

そして十一月五日には、天台山から台州龍興寺の道邃のもとに戻った。

ただし義真は天台山に留まり、十二月七日に国清寺で、同寺の清翰を戒師として具足戒を受けている。彼は日本では得度はしていたが、まだ受戒を済ませていなかったのである。

通訳である義真がいないあいだ、最澄はどうやって日々を過ごしていたのだろうか。このころには片言ながら唐語をしゃべれるようになっていたのだろうか。それとも、あらかた筆談ですませていたのだろうか。

天台を学び、菩薩戒を受け、「如来の使」と称される

台州に戻った最澄は道邃のもとで天台教学を熱心に学び、あるいは経典の書写にはげんだことだろう。八〇五年（日本では延暦二十四年）三月二日には、義真とともに、

龍興寺の極楽浄土院において道邃から円教の菩薩戒（大乗戒）を受けている。「円教の菩薩戒」とは、小乗仏教の戒律（具足戒）に対する大乗仏教の戒律をさすが、この受戒がきっかけとなって、のちに最澄は日本において大乗戒の確立に努めることになった。

龍興寺　臨海城の巾子山の西麓にあり、入唐した最澄が長く過ごした場所である（中国浙江省台州市）

道邃と最澄の像　龍興寺の境内には日本から寄贈された道邃と最澄の像が並び立つ

後年、最澄は道邃について、「和上は慈悲をもって、一心三観を一言に伝え、菩薩の円戒を至信に授く」と記している（『顕戒論』上「開雲顕月篇・第二」）。

「一心三観」とは、一切は実在しないとする「空観」、現象は真理の仮の現れにすぎないとする「仮観」、空観・仮観いずれにもとらわれず執着しないとする「中観」の三つを、一心のうちにおさめとって観ずることで、天台の重要な観法（瞑想行、観想行）である。そんな奥義を、道邃は一言で最澄に伝えたのだという。「菩薩の円戒」は「円教の菩薩戒」と同じことだろう。

同年二月二十九日には、最澄は道邃に対し天台法門に関する十箇条の質問を提出し、道邃から明答を得ている。この問答は『天台宗未決』として伝えられている。

修学・受戒・書写を終えた最澄と義真らは三月下旬、台州を去った。最澄が台州で入手しえた書物は、最澄作成の目録『台州録』の「巻頭」によれば、百二部・二百四十巻に及んだという。最澄は、道邃はもちろんのこと行満、台州の官人など多くの人から送別の詩文を送られ、別れを惜しまれている。

また道邃は、二月十五日付で最澄に与えた付法文において、最澄のことを「是れ如来の使ならずし、豈、艱辛に堪えること有らんや」と称している。艱難辛苦をものともせず、大海を渡って求法にやってきた最澄を「如来の使」にたとえているのである。「如来の使」とは『法華経』「法師品」にみえる言葉で、釈尊の滅後、『法華経』の教えを世に広める人のことをいう。

最澄のひたむきな求法と広い学識に、誰もが称嘆を惜しまなかったのである。

明州で帰国する遣唐使メンバーと合流

台州を発った最澄たちは三月二十五日に明州に着いた。彼らが明州に入ったのは、ここで大使藤原葛野麻呂ら他の遣唐使メンバーと合流して帰国の途につくためであった。

大使らを乗せた第一船は先に記したように前年八月に福州に漂着していたが、その後、一行は北上して長安に向かい、十二月二十三日にようやく長安城に入った。この一行のなかには空海の姿もあった。このとき、第二船の一行（最澄たちを除く）はすでに長安に入っていて、大使一行を待ち受けていた。

皇帝徳宗に貢物を奉進した大使は歓待を受け、皇帝との接見もかない、内裏で宴が催された。ところが翌八〇五年正月、徳宗は病にかかり、二十三日には崩御してしまう。国中が喪に服することになり、二月十日には国喪のため帰国するようにとの勅が大使たちに告げられた。そのため遣唐使は早々に長安を発つことになったのだが、空海は二十年間の滞在を目標とした留学生であったので、長安に残った。

大使たち一団が越州（浙江省紹興）をへて明州に着いたのは、四月三日であった。最澄たちと再会を果たし、帰国メンバーは勢揃いしたのである。

帰国直前に密教も修得する

日本へ向かう遣唐使船が明州を発ったのは五月十八日だが、それまでのひと月余、最澄は同地にじっとして無為に過ごしていたわけではなかった。

四月八日ごろ、最澄は義真らをともなって、明州の西にある越州をめざして出立した。越州の龍興寺などに天台山や台州では得られなかった経典があることを知り、それを書写しようと考えたからである。

四月十一日、越州龍興寺に着いたが、近くの鏡湖の東にあった峯山道場に、当時唐で盛行していた密教の正統を継ぐ阿闍梨順暁がいることを耳にすると、早速道場に登った。「阿闍梨」とは一定の修行をへて密教の指導者としてのステージに達した高僧をさす。順暁はインド出身の密教僧善無畏の弟子であった新羅僧義林に師事し、一行と不空にも密教を学んだとされる。当初は泰岳の霊巌寺に住したが、このころは越州に移っていた。そもそも、帰国間近の最澄が越州を訪ねたのは、この順暁から密教を受法するためであったともいわれている。

幸い、最澄は順暁にまみえることができ、四月十八日、毘盧遮那如来（大日如来）三十七尊曼荼羅（金剛界三十七尊曼荼羅）が敷かれた道場にて、三部三昧耶の灌頂などを受け、秘法を伝授された。

灌頂とは密教に特徴的な儀式で、弟子入りしたり秘法を伝授したりする際に師僧（阿闍梨）から受者（弟子）に対して行われる。さまざまな種類があり、その作法・行儀は複雑だが、基本となるのは、師による受者の頭頂への香水の注ぎかけ（狭義の灌頂）と、師から受者への特定の真言（梵語にもとづく密教的な呪句。マントラ）および印契（仏・菩薩のはたらきを象徴的にあらわした指の形。印相、印ともいう）の伝授であり、往々にして密教的な瞑想をともなう。

そして三部三昧耶の灌頂とは、このとき順暁が最澄に授けた印信（秘法伝授の証しに師から弟子へ与えられる文書）によれば、「アバンランカンケン」「アビラウンケン」

「アラハシャナ」の三種の真言の伝授を中心としたものであったらしい。おそらく、この真言に対応する印契も伝授されたのだろう。さらに順暁の世話で、最澄は多くの典籍や密教法具を入手することができた。

この他に、最澄は五月五日までに寿州草堂寺の比丘大素から五仏頂法を伝授され、明州の在家行者江秘から普集壇と如意輪壇を伝えられ、さらに明州開元寺法華院の霊光から軍荼利菩薩壇法などを伝授されたという（『内証仏法相承血脈譜』「雑曼荼羅相承師師血脈譜・一首」）。最澄が相承したこれらの密教は雑密と呼ばれるもので、体系づけられた純密（正純密教）に対して、日常的な祈願の成就を目的とした素朴なものであった。ただし、これらの受法がどこで行われたのか、越州で行われたのか、明州で行われたのかについては明らかではない。

当時、唐の長安では、『大日経』にもとづく胎蔵界と『金剛頂経』にもとづく金剛界からなる両部密教が伝授されていて、それが最新の密教となっていた。ところが、最澄が相承できたのはそのように完成されたものではなく、密教としては不十分・不完全なものであった。しかし、この時点では最澄にそのような認識はなかったらしく、また後年このことが両部灌頂を受けることができた空海とのあいだに軋轢を生む遠因になるとは知る由もなかった。

多彩な中国仏教を吸収して日本へ

短期間で密教をも修めることができた最澄は、今度は大使のいる遣唐第一船に乗り、五月十八日に船は明州を発った。往路とちがって帰路の航海はすこぶる順調で、六月五日には船は無事に対馬に着いた。この年、最澄は不惑の四十歳を迎えていた。

最澄が唐に滞在したのは十カ月ほどで、都の長安へは行かず、天台山とその周辺を時間をかけて巡礼していたようなものであった。しかし、この間に最澄は天台教学の深旨を学んでその法脈に連なり、禅（牛頭禅）と密教をも受法し、菩薩戒も受けることができ、加えて多くの仏典（合計で二百三十部四百六十巻）や貴重な仏具を母国に将来することができた。天台にかぎらず多彩な中国仏教を短期間で目一杯吸収したわけだが、もちろんそれができたのも、十二年に及んだ比叡山での練行によってしっかりと素地がつくられていたからだろう。

帰国後の最澄は、入唐求法で得たテキストや知識、体験を糧として、日本仏教の改革に全力で取り組んでゆくことになる。

コラム

最澄の足跡に続いた名僧たち①

円仁

［えんにん／七九四－八六四年］

唐に十年も留学し、比叡山の天台教団を確立

最澄のもとには多くの優秀な弟子が集まったが、そのなかで天台宗の確立と発展にもっとも功があったのは円仁だろう。

円仁は延暦十三年（七九四）、下野国都賀郡（栃木県西部）に生まれた。俗姓は壬生氏で、豊城入彦命の末裔だという。豊城入彦命は第十代崇神天皇の皇子で、『日本書紀』では天皇に東国を治めるよう命じられて上毛野氏・下毛野氏の始祖になったと伝えられる伝説的人物である。つまり、円仁は東国指折りの名家の血を引いていた。

幼くして仏教に惹かれ、九歳で郷里に近い大慈寺の広智のもとに入門した。大慈寺は鑑真の弟子で、最澄とも交流のあった道忠が東国教化の拠点とした寺院で、広智は道忠の弟子であった。

そして大同三年（八〇八）、十五歳のときに比叡山に登り、最澄の弟子になったと伝えられる。比叡山に入った円仁は天台教学を熱心に学び、弘仁五年（八一四）には天台宗の年分度者として得度し、二年後に東大寺で具足戒を受けた。弘仁八年には最澄の東国巡化に同行し、郷里の大慈寺を訪れている。

弘仁十三年の最澄遷化時は二十九歳だったが、翌年から十二年籠山行に入り、四種三昧を修した。だが、天台の教えを山外に広めて

ほしいという周囲の要請におされ、六年目の天長五年（八二八）に籠山を中止。山を降り、法隆寺や四天王寺で『法華経』などの講義を行い、また東北を巡錫した。

円仁像　２度の渡航に失敗した後、承和５年（838）６月13日に博多津を出港。『入唐求法巡礼行記』はこの日から記されている（栃木県栃木市）

　その後、体調を崩して比叡山北方の横川に草庵を結んで隠棲するが、健康を回復すると『法華経』の書写行を修し、これを納める如法堂を建てた。横川の草庵はのちに横川中堂へと発展した。

　承和二年（八三五）、天台の請益僧（短期留学僧）として遣唐使一行に加わることになり、承和五年に唐へ向けて出発した。円仁の入唐を後押ししたのは、「自分の滅後には人を選んで唐に遣わし、法を求めさせたい」という先師最澄の言葉であったという。

　唐では天台山や五台山を巡礼しようとしたが許可が下りず、翌年帰国しようとしたが、船が逆風にあって流され、山東半島に漂着。

上陸後、五台山に向かい、その途次、念仏を学び、五台山ではいまだ日本に伝わっていない天台典籍を書写することができた。ついで長安に入って密教や天台などを学び、秘法を受け、結局、六年も長安にとどまった。しかし、八四二年に「会昌の廃仏」と呼ばれる仏教弾圧がはじまったため、円仁は還俗姿で長安を逃れ、命からがら帰国の途につく。承和十四年（八四七）九月、九州大宰府に着き、翌年帰京。十年にわたった長旅の詳細は『入唐求法巡礼行記』にまとめられている。

帰朝後の円仁は天台密教（台密）の充実に力をそそぎ、また五台山の念仏行を比叡山に移して常行三昧として確立した。仁寿四年（八五四）には第三代天台座主（延暦寺の住職）となり、以後、天皇・皇族や貴族にしばしば灌頂や授戒を行った。

こうして天台教団の基礎を固め、また多くの弟子を育てた円仁は、貞観六年（八六四）、七十一歳で遷化した。二年後、清和天皇から慈覚大師の諡号を贈られている。

ところで、『慈覚大師伝』（十世紀前半）には、こんなエピソードが記されている。

比叡山入山前、円仁は夢に笑みを浮かべた高僧を見た。夢の中で円仁の傍らにいた人は、この高僧が最澄であると教えてくれた。そして後年、円仁がはじめて最澄と相見したとき、最澄の姿は夢に見たのとそっくりであったという。最澄は背の高い、色白の人であったそうだ。

最澄の生涯Ⅱ
開宗から遷化まで

第2章

帰国と天台宗開宗

日本仏教の改革に取り組む

桓武天皇に経典・仏具を奉進する

延暦二十四年（八〇五）五月に最澄を乗せて唐を発った遣唐第一船は、対馬、長門国をへて、六月下旬までには難波津に帰港した。大使の藤原葛野麻呂は七月一日に参内し、節刀を桓武天皇に返上しているので、このときまでには最澄も平安京に入っていただろう。

七月十五日には最澄は弟子の経珍を宮中に遣わし、次のような経典・仏具を奉進した（『叡山大師伝』）。

・金字の『法華経』七巻

・金字の『金剛般若経』一巻
・金字の『菩薩戒経』一巻
・金字の『観無量寿経』一巻
・天台智者大師霊応図一張（田村晃祐『最澄』によれば、天台山の智顗の前に神僧が現れて教示を授け、智顗が悟りを開いた様子を描いたもの）
・天台大師の禅鎮一頭（禅鎮は坐禅時の睡魔を防ぐ道具）
・天台山香炉峯の檉と柏の木の文尺四枚（文尺は長さを測る物差しのようなものか）
・説法白角の如意一柄（白角は白色の角製、如意は説法の際に講師がもつもの）

最澄の復命を受けた桓武天皇は、最澄が将来した天台仏典を天下に流布させることを願って、それらを書写させることを勅した。書写といっても一部ではなく、南都七大寺に配布するために七通も図書寮（図書の保管・書写を担当した役所）に書写させ、しかも宮中で用いられる上質の紙を支給するという凝りようだった。書写の完了には十年を要している。

さらに天皇は、六法師に命じて野寺（常住寺）の天台院にて天台の法文を学ばせた。

北野廃寺跡　京都盆地では最古の部類に属する寺院の１つ。「野寺」と墨書された平安時代初期の土師器が発見されたことから、野寺の遺構とされる（京都市北区）

野寺は現存しないが、平安京の北にあったとされる寺院で、北区北野上白梅町一帯に見つかっている北野廃寺跡がその遺構と推定されている。詔を受けた六名の僧とは、道證（法相宗）・守尊・修円（法相宗）・勤操（三論宗）・慈蘊・慈完であった。

八月九日、最澄は昇殿して天皇のために悔過の読経を行い、唐から将来した仏像を献上した（『日本後紀』）。桓武天皇は前年の末から体調を崩していたが、これを早良親王の怨霊の祟りによるものと信じていた天皇は、悔過読経の法会で霊を慰撫することを願ったのだろうともいわれている。

高僧たちに次々に密教を伝授する

また、天皇は最澄と親交の深い和気弘世に次のような勅を発した。

「真言の秘教はいまだ日本に伝わっていないが、幸いにも最澄がこの教えを唐で得てきたので、諸寺の中から智慧と福徳の行を兼備した僧侶を選んで、灌頂三昧耶（おそらく最澄が唐の順暁から受けた三部三昧耶の灌頂のこと）を受けさせなさい」

そこで弘世は氏寺である高雄山寺に法壇を建立して法会の準備をはじめ、勅にしたがって仏画・曼荼羅・仏具が用意されていった。九月七日に灌頂は行われ、最澄から勤操・修円・広円ら八人の高徳に三部三昧耶の秘法が伝授された。

また、九月上旬以降、天皇は平安京の西郊に壇場を建てさせ、最澄に五仏頂法の灌頂を修させ、勤操・修円・広円らの高僧に灌頂を受けさせた。

同月十六日には、治部省から最澄に公験が発給された。それは、比叡山で精進練行した最澄が入唐して道邃・順暁に学び、帰国して三論・法相の僧侶六人に講論させ、高雄山寺で三昧耶の妙法を伝授したことを証する文書であった（「唐に向い法を求むる最澄に賜う伝法の公験・一首」）。

翌十七日には最澄が内裏の殿上において毘盧遮那法を行じた（『日本後紀』）。

唐からの帰国後、天皇や朝廷からしきりにもてはやされる最澄だったが、ここまで記してきたことからも察せられるように、天皇側がいたく興味を示したのは、最澄が心血を注いで修得した正系の天台教学ではなく、帰国間際に慌ただしく受法した密教（真言密教）の方であった。桓武天皇にかぎっていえば、彼が帰朝した最澄にもっとも期待したのは、密教祈禱の験力による怨霊の鎮撫であったのだ。

最澄もそのことには気づいていただろうし、意想外に思ったのかもしれないが、当初は素直に受け入れている。だが、ほどなく本領ともいえる天台法門の日本での興隆に奮起しはじめる。

年分度者制の改革と日本天台宗の開宗

延暦二十五年正月三日、最澄は「年分度者」に関する次のような内容の上表文を提出した。

「目が一つしかない網は鳥を捕ることができません。それと同じように、一、二の宗ではとても仏の教えを汲みとることができません。日本にはたしかに多くの宗があり

南都六宗

学派	主な僧	本山
法相宗	道昭（629～700年） 義淵（?～728年） 玄昉（?～746年）	興福寺 薬師寺
三論宗	慧灌（生没年不詳） 道慈（?～744年）	元興寺 大安寺
律宗	鑑真（688～763年）	唐招提寺
華厳宗	審祥（生没年不詳）	東大寺
倶舎宗	法相宗の付宗	
成実宗	三論宗の付宗	

ますが、名前ばかりで、その業を伝える人はにわかに絶えようとしています。どうか、年分度者の員数を公正に定め分け、宗ごとに二人、得度できるようにしていただけませんでしょうか」

「年分度者」とは僧侶の得度に関する国家制度で、そのルーツは、持統天皇十年（六九六）十二月に、正月に行う護国経典『金光明経』読誦のため十人の浄行者を得度させて僧侶にしたことにある。その後の推移は不詳だが、平安時代初期には、毎年、所定の試験を終えた優秀な在家者を一定数得度させる制度に整備されていた。そして延暦二十三年には、三論宗の年分度による得度者（年分度者）を五人、法相宗も同じく五人とする勅が出されていた。つまり、南都六宗があり、また最澄が確立をめざす天台宗が控えているにもかかわらず、鎮護国家を担うエリート僧の候補者である年分度者は、三論・法相の二宗に限定されていたのだった。

最澄はその現状を一つ目の綱にたとえて異議を唱え、仏教という壮大な流れをあまねく汲みとるためには諸宗の力を結集することが必要であり、年分度者の数を諸宗に二人ずつ公平に割り当ててほしいと、天皇に懇願したのである。

最澄の提案は南都の高僧たちからも賛同を得、正月二十六日、提案に則して年分度者を十二名として諸宗に割り当てることが治部省から通達された。その官符「諸宗の年分度者自宗の業を定むる官符・一首」の要点をまとめると次のようになる。

華厳(けごん)宗　二人
天台宗　二人
律宗(りっしゅう)　二人
三論宗　三人(うち、一人は三論宗に付属する成実(じょうじつ)宗)
法相宗　三人(うち、一人は法相宗に付属する倶舎(くしゃ)宗)

また、年分度者は『法華経』と『金光明経』を読誦できること、教理に関する十条の質問のうち五以上に通暁すること、及第者のいない宗は欠員にすることなども定められた。なお、得度してもその後に受戒しなければ正式の僧侶にはなれないのは、従来通りである。

年分度者制度の改革は、当時の日本仏教界における三論・法相の対立を解消し、優秀な僧侶を養成する機会を諸宗に公平に割り当てるということのほかに、もう一つ大きな意義をもっていた。それは、これまでは日本では独立した宗とはみなされていなかった天台の法門が、天台宗（あるいは天台法華宗）として公認され、南都六宗と並ぶ地位を獲得したということである。つまり、日本における天台宗の誕生を意味していた。

日本の天台宗では、この延暦二十五年（八〇六）正月の年分度者制による天台宗公認をもって、開宗の時としている。

なかなか人材が居つかなかった初期の天台宗

かくして天台宗は二人の年分度者を確保できたわけだが、そのうち一人は『大毘盧

比叡山からの眺め　近江八幡や彦根方面まで望める

遮那経（大日経）』を読んで密教を専攻する「遮那業」を、もう一人は『摩訶止観』を読んで天台を専攻する「止観業」を担当すると定められた。最澄は密教の重要性をさとり、天台宗の中にそれを取り込もうとしたのだろう。

しかし実際にこの新しい制度にもとづいて天台宗に年分度者があらわれるのは、じつは大同五年（八一〇）からであった。それまでは欠員で、大同五年に四年分をまとめて八名の得度が行われ、これ以後、ようやく毎年二名ずつ年分度者が天台宗から任用されるようになった。年分度者の試験に及第する人材を育成するのにそれなりの歳月を要したということだろう。

ただし、天台宗の年分度者であっても、必ずしも比叡山に住し続けているとはかぎらなかった。大同二年（八〇七）から弘仁九年（八一八）までの天台の年分度者二十四名のうち、（おそらく弘仁十年の時点で）比叡山に住していたのは十名で、残りの十四名は山を去っていた（『天台法華宗年分得度学生名帳』）。その十四名には、老母を養うために已む無く山を下りた者や死亡者なども含まれていたが、法相宗に移った僧も六名いた。また、奈良の寺院で学問・修行していた者が得度・受戒のために年分度者の枠を利用するという目論見で天台宗に腰掛け的に転向するというケースもあったらしく、このことも比叡山不住の多さの要因となったようだ（田村晃祐『最澄』）。

このように、最澄が率いる天台宗は初期には退散者もみられ、その出だしは決して順風満帆なものではなかった。そのことは、最澄にとって爾後の課題となったのである。

空海との交遊と訣別

平安仏教の二大巨人の相克

最澄と同じ遣唐使のメンバーだった空海

天台宗が朝廷から公認された延暦二十五年（八〇六）正月から二カ月後の三月十七日、長く病床にあった桓武天皇はついに崩御した。宝算七十であった。五月十八日、桓武の第一皇子で、最澄とも深い親交のあった皇太子安殿親王が即位して平城天皇となり、年号は大同に改元された。

この年の八月、ほどなく平安仏教の巨人として最澄と並びたつことになる一人の僧侶が帰国船に乗って留学先の唐を発ち、まもなく九州に降り立った——当時三十三歳の空海である。

空海は宝亀五年（七七四）に讃岐国に生まれた（畿内出生説もある）。最澄より八歳年下である。生家の佐伯氏は豪族であったが、十八歳ごろに都へ上り、中央官人を養成する大学に入った。その後まもなく一沙門から虚空蔵求聞持法という密教の秘法を授かり、四国をめぐってその実修にはげんだ。その後の消息ははっきりしていないが、独自に密教修行に取り組んだらしい。出家得度の年時については諸説あるが、入唐直前の延暦二十二年（八〇三）もしくは二十三年の得度とする説が有力である。

そして、経緯は謎に包まれているのだが、最澄と同じく藤原葛野麻呂を大使とする遣唐使のメンバーに選抜された。ただし、先にも記したように最澄は短期滞在を前提とした還学生だったが、空海は二十年間の滞在を目標とする留学生という立場だった。この遣唐使は瀬戸内海で遭難していったん中止に

空海像　遣唐使としてともに唐に渡った最澄と空海は、出発前は面識がなかったが、帰国後は密接な関係を持つようになる（『真言八祖像』のうち空海、鎌倉時代、国立文化財機構所蔵品統合システム）

なったが、延暦二十三年五月、一行はふたたび難波津を発った。空海は大使の乗る第一船に乗り、九州から最澄が第二船に乗りこんだというのも、先に記したとおりだ。

奇しくも最澄と空海は同じ遣唐使のメンバーとめぐり合わせたわけだが、このとき二人が直接顔を合わせていた可能性は低い。僧侶同士とはいえ、当時の最澄はすでに天皇に信任された高僧であったのに対し、三十一歳の空海はさしたる実績もない一介の修行僧にすぎず、また乗船も前者は第二船、後者は第一船と、別々であったからだ。

ここからも先の記述とやや重なるが、空海の乗った第一船は九州を出航後、嵐に遭い、八月に唐の福州長渓県（ちょうけいけん）赤岸鎮（せきがんちん）に漂着。当初、不審船ということで大使一行は上陸を許可されなかったが、空海が書いた嘆願書が役人に認められてようやく上陸が許され、一行は長安をめざした。十二月に長安に入り、皇帝から歓待を受けるが、翌八○五年正月に皇帝崩御。二月には国喪（こくも）のため帰国の途につくことを余儀なくされるが、長期滞在を予定していた留学生の空海は同じく留学生の橘逸勢（たちばなのはやなり）とともに長安に残った。

長安で正統の密教を受法した空海

その後、空海は長安で遍歴を続けるなかで青龍寺の恵果と出会う。恵果は中国密教を確立した不空（父親はインド人）の弟子で、インド密教の正統を継ぐ阿闍梨であり、また『金剛頂経』系の密教と『大日経』系の密教の総合者でもあった。

空海の訪問を受けた恵果は、空海の天賦の才を看取したのか、まもなく彼を灌頂壇に招き、六月には胎蔵界灌頂を授け、七月には金剛界灌頂を授けた。さらに八月には伝法灌頂を授けて空海を阿闍梨とした。加えて恵果は仏画師に曼荼羅や密教の祖師像を描かせ、密教経典を写経生に書写させ、また密教法具を新鋳させ、これらをことごとく空海に与えた。

ここで最澄のケースとの違いをみると、最澄が受けた密教はおもに越州龍興寺の順暁による三部三昧耶灌頂で、それが順暁の独自色が強いものであったのに対し、空海が恵果から受けた両部灌頂（胎蔵界灌頂と金剛界灌頂）はインド正系の密教をもれなく嗣ぐものであった。空海の密教僧としてのレベルは明らかに最澄をしのいでいた。

空海への嗣法を終えた恵果は、それに安堵したかのように十二月十五日、示寂した。それに先立って恵果は、空海に対し、「一刻も早く日本に帰り、密教を国家に奉り、天下に広め、人びとが幸せになるように努めなさい」と遺誡をたれたという。

この遺言を受けてか、空海は翌八〇六年、まだ在唐期間は二年ほどだったにもかかわらず、二十年にわたるはずだった留学の予定を切り上げ、帰国することにした。学ぶべきものはすべて学び終えたのだから、この先十何年も異国に滞在しても無駄だ——と空海は踏んだのだろう。

ちょうど首尾よく遣唐判官(じょう)の高階遠成(たかしなのとおなり)が長安にいたので、その帰りの遣唐使船に乗り込むことができた。この遠成の遣唐使船は、延暦二十三年の遣唐使の第四船（遭難後、難航の末に唐に着岸か）ではなかったかともいわれている。

ともかくこうして空海は唐を発ち、大同元年（八〇六）十月までにはひとまず九州に帰着することができたのだった。

最澄とゆかりの深い高雄山寺に入った空海

帰国した空海は、なぜかすぐには都に入らなかった。その理由については、「二十年の留学期間を勝手に早めて帰国したことを朝廷に咎められて、入京が許されなかったからだろう」などとも推測されているが、はっきりしたことはわかっていない。

空海は帰国後まもなく、おそらく九州の大宰府で、唐から将来した仏典・仏像・仏具などをリストアップした『請来目録（しょうらいもくろく）』を作成した。将来した経論は二百十六部四百六十一巻に及んだ。そしてこの目録に上表文を添えて、先に入京することになった高階遠成に託し、平城天皇に献上している。遠成は十二月に入京復命している。

空海がようやく入京を認められたのは大同四年（八〇九）七月のことである。この年の四月、平城天皇は病気のため弟の嵯峨（さが）天皇に譲位していた。

入京した空海がまず居所としたのは、最澄とゆかりの深い和気氏の氏寺（うじでら）、高雄山寺であった。

なぜ、空海は高雄山寺に入ったのか。これには最澄がからんでいたのではないか、とする見方がある。その訳はこうだ。

当時の都では最澄が唐から持ち帰った密教が脚光を浴びていて、最澄もまた密教の重要性を認識し、天台宗の年分度者に密教を専攻する遮那業をもうけ、密教の興隆に力を注いでいた。そんなときに、「唐の都で最新の密教を学んだ空海が帰国した」という報せが最澄の耳にも届いた。当然、最澄はいたく興味を示しただろうし、いずれ空海に直接会ってみたいとも思ったことだろう。やがて最澄は、空海が大同元年に作成し天皇に献上した『請来目録』を何らかの手立てを使って入手する。あるいは、平城天皇が最澄に見せて、「空海という僧をどう思う」などと下問したのかもしれない。『請来目録』を披見した最澄は、自分が唐では入手できなかった貴重な密教典籍を空海が山ほど所持していることを知り、また空海が非凡な僧侶であることを見抜く。そこで最澄は空海を入京させることを天皇に推奨する。加えて、旧知の和気氏に話を通して、高雄山寺を空海の止住寺院とするよう斡旋した——。

推測まじりであるが、このような見方の裏付けとなるのは、最澄がまもなく空海に典籍の借覧を書簡で申し込んでいるという事実だ。

最澄と空海のあいだで交わされた現存する書簡のうち、もっとも古いものは、大同四年八月二十四日に最澄が空海宛に記したもので、『大日経略摂念誦随行法(りゃくしょうねんじゅずいぎょう)』一巻など、あわせて十二部の文献の借用を願っている。あらかじめ『請来目録』を目にしていたからこそ、最澄はこのような手紙を書くことができたのだろう。書簡は弟子の経珍にもたせて空海のもとに届けたらしいが、このとき、空海はすでに入京をはたして高雄山寺に止住していたはずである。

ただし、この書簡の文面は、挨拶文もなしに書名を列記した簡潔なものなので、両者のあいだに最初に交わされた書状とは考えにくい。これ以前に、すでに二人のあいだには書簡のやりとりがあったとみるべきだろう。

空海から密教の灌頂を受けた最澄

八月二十四日の書簡で最澄が借用を申し込んだ文献は、空海から快く貸与された。その後も最澄はたびたび空海に書物の借用を申し込んでいる。もちろん、書写をしおえたら空海に返却したのだろう。また、逆に空海が最澄から天台関係の書物を借りる場合もあった。両者に贈答品のやりとりもあった。

書簡の文面をみると、最澄は空海より八歳も年長だったが、空海に教えを乞う鄭重なものであり、一方の空海も先輩に対して十分に礼を尽くしていた。

書面のやりとりが続いたのち、二人がようやく対面をはたしたのは、弘仁三年（八一二）十月二十七日である。空海は前年十月から乙訓寺（おとくにでら）（京都府長岡京市今里）の別当に任じられていたが、最澄は住吉大社と奈良へ出かけた帰途に乙訓寺を訪ね、空海との面会がかなったのである。空海は最澄に仏像や仏画を見せ、灌頂の伝授を約束したとされ、最澄は寺に一泊している。

灌頂の準備のため、空海はまもなく乙訓寺を発ち、高雄山寺に入った。最澄も高雄山寺に入り、十一月十五日に空海から金剛界灌頂を受け、十二月十四日には胎蔵界灌頂を受けた。後者の胎蔵界灌頂には大勢が参加した。このときの記録である空海自筆の『灌頂歴名（れきめい）』には、最澄とその弟子も含めて僧侶二十二名、沙弥（しゃみ）三十七名、在家者四十一名、童子四十五名、合わせて百四十五名の名が記されている。

ただしその灌頂は、持明（じみょう）（受明（じゅみょう））灌頂あるいは学法灌頂と呼ばれるもので、師僧（阿闍梨）が受者を求法の弟子として認める、入門許可的な性格のものであったという（田村晃祐『最澄』）。初歩的なものなので、伝法灌頂と違って、『灌頂歴名』からも明らかなように僧俗を問わず受けることができる。

この弘仁三年の高雄山寺での空海による灌頂は、帰国後の空海にとっては日本における公開的な密教行事の最初であって、彼の入唐の成果を朝野に知らしめるものであった。当時の日本仏教界の指導者的地位にあった最澄や南都の大寺の高僧たちが参列し、後輩の空海を師と仰いで受法したことは、少なからず話題になったことだろう。そして空海は高雄山寺灌頂を土台として密教の布教と教団の確立に本格的に取り組みだし、ほどなく真言宗の開宗にいたるのである。

一方、最澄の側からみると、空海とのやり取りや密教文献の借用を繰り返すなかで、

高雄灌頂　高雄山寺で最澄が空海から灌頂を受ける様子が描かれている（『弘法大師行状記図会』国立国会図書館）

しだいに自分自身が唐で受法した密教が不完全・不十分なものであったことに気づいたはずである。そのことを深く自覚したからこそ、弟子を引き連れて空海による高雄山寺灌頂に臨んだのだろう。ともかく、密教の面では、空海はたしかに阿闍梨であったが、最澄は阿闍梨とはいえなかった。

　最澄の弟子円澄が後年記した空海宛の書簡には、興味深いエピソードが記されている。これらの灌頂後、最澄が空海に「さらなる秘法（大法儀軌）を受けるには何カ月が必要ですか」と尋ねると、空海は「三年」と答えた。そこで最澄は受法を断念し、代わりに円澄らを空海のもとに預けて密教を学ばせたという（「真言教を受学せんと懇請する書」）。すでに天台宗の責任者という地位にあり、四十代も半ばを越した最澄には、修道への思いがいくら強かったとはいえ、三年もの歳月を修学・修行に費やす余裕はなかったのだ。

そして、この一件が象徴するように、二人の心のあいだにはいつしか懸隔が生じはじめていたのだった。

『釈理趣経』の借覧を断られた最澄

まもなく、最澄と空海の疎遠を決定づける事件が起こった。

弘仁四年十一月、最澄は空海に書簡を送り、このときは『釈理趣経』（『理趣経』の注釈書）の借用を願った。

ところが、空海は依頼をきっぱりと断った。

この折の最澄に対する空海の返信は「叡山の澄法師の理趣釈経を求むるに答する書」として『性霊集』に収録されている（「続遍照発揮性霊集補闕抄」巻第十）。長文だが、そのさわりの箇所を引用してみる。

「若し仏教に随わば、必ず三昧耶を慎むべし。三昧耶を越えれば伝者も受者も倶に益無かるべし。夫れ秘蔵の興廃は唯汝と我となり。汝、若し非法にして受け、我、若し非法にして伝えば、将来求法の人何に由ってか求道の意を知ることを得ん。非法の伝授せる、是を盗法と名く。即ち是れ仏を誑くなり」

「三昧耶」は密教ではいろんな意味をもつ言葉だが、ここでは「密教行者の誓い」の意であり、「三昧耶を越える（越三昧耶）」とは密教行者としての誓いを破ることをいう。具体的には、師僧から伝授を受けずして密教を学び伝えようとすることをさし、密教では重罪の最たるものである。つまり空海は、『理趣経』の注釈書を借りようとした最澄に対し、いまだそれを披読する資格がないとしてはげしく非難し、もしこれを許せば「非法」を伝授することになり、それは「盗法」につながるとまでいうのだ。

なぜ空海はこれほどまでにはげしい難詰を行ったのか。

これには、『理趣経』という密教経典の特殊な性格が大きくからんでいると思われる。

『理趣経』は『般若理趣経』ともいい、「仏の智慧（般若）の理」を密教的に説いたものだが、性欲に代表される一切の人間的欲望を肯定し、欲望の解放こそが菩薩の境地であるとする。たとえば、有名な「十七清浄句」の冒頭は「妙適清浄の句、是れ菩薩の位なり」とあるが、「妙適清浄」とは「男女性交の快楽は本来清浄である」という意味だとされる。ただし密教の伝統的解釈では、こうした内容をあくまでも求道を続ける菩薩の内面性の比喩ととらえ、安易な理解を戒めている。

『理趣経』はこのように扱いの難しいテキストなのだが、それだけに空海は神経質になり、そんな『理趣経』の内容を、師から弟子への面授を飛び越して、たんにテキストの読解のみで学び取ろうとした最澄の態度に、厳しい批判の言葉を投げつけたのではないだろうか。同じ返信のなかで空海は、「秘蔵の奥旨は文の得ることを貴しとせず。唯心を以て心に伝うるに在り」、つまり、密教の奥義はテキストでは十分には伝えられない、心によって心へ伝えるほかないのだ、とも訴えている。

この出来事が訣別の引き金となったのか、書簡のやりとりをみると、弘仁五年からは最澄はもっぱら借りていた書物を空海に返却するばかりとなり、弘仁八年以降の書簡は伝えられていない。おそらく文通は絶えてしまったのだろう。

最澄の愛弟子、泰範の離反

最澄と空海の訣別を決定づけた事件は、もう一つあった。それは最澄の愛弟子泰範の離反である。

最澄筆 尺牘（せきとく）　最澄が空海のもとにいた泰範に宛てた書状。「久隔清音（久しく御無沙汰を）」との書き出しから、「久隔帖（きゅうかくじょう）」とも呼ばれる（平安時代、国立文化財機構所蔵品統合検索システム）

泰範はもとは奈良の元興寺の僧で、延暦二十一年（八〇二）、二十五歳のときに東大寺で受戒したのち、比叡山の最澄のもとに移った。最澄より十二歳下である。

優秀な弟子であったらしく、弘仁三年（八一二）五月、大病にかかって遺書をしたためた最澄は、泰範を比叡山寺の総別当に任じて後事を託そうとした。幸い最澄は回復したが、その後しばらくしてなぜか泰範は山を下りてしまう。泰範自身は最澄宛の手紙に「私にはつねに破戒の心と行いがあり、清浄な学問をいたずらに穢してしまいました」などと抽象的な釈明をしていて真相をつかみかねるが、比叡山生え抜きではなかったのに総別当に任じられたことで山内の他の僧侶たちからやっかみを買い、いづらくなった、というような事情でもあったのか。

しかし、同年十二月十四日に行われた高雄山寺での胎蔵界灌頂には、最澄の勧めを受けて参列し、最澄とともに空海から灌頂を受けている。その後だが、最澄の意を受けたのか、それともみずからの考えでそうしたのかが判然としないものの、空海のもとに留まって密教を学ぶことを選び、翌弘仁四年三月六日は空海から金剛界灌頂（伝法灌頂）を受けている。

そしてこれ以後、泰範は完全に空海の弟子となり、真言宗の門に入ってしまったらしい。しかし、最澄とは書簡のやりとりは続けていて、最澄は機があれば彼を比叡山に呼び戻そうと考えていたようだ。

弘仁七年五月一日には最澄は明白に帰山を願う手紙を泰範に書き送っている。その中で最澄は、「法華一乗と真言一乗と、何ぞ優劣有らん」、つまり天台宗と真言宗には優劣はなく何ら相違はないのだと訴え、「もし深き縁有らば、倶に生死に住して、同じく群生を負わん」、もう一度一緒に仏道を進もうと篤く呼び掛けている。

これに対する泰範の返事はどのようなものだったか。

じつはその返書は、泰範ではなく空海が筆をとり、しかもその内容は最澄の思いを無情にもはね返す峻烈なものであった。

その返書「叡山の澄和上啓の返報書」（『性霊集』「『続遍照発揮性霊集補闕抄』」巻第十）のなかで、空海は「私は大豆と麦の区別がつけられない愚か者かもしれないが、玉と石の区別をつけられないほどではない。法華一乗と真言一乗は全く異なる」と論駁し、「泰範が真言の教えにひたすらになっていることを責めないでほしい」と結んでいる。

泰範は空海のもとに行く以前から比叡山のあり方に疑念を抱いていたようなので、「泰範を空海が最澄から奪い取った」という表現はあたらないだろう。しかし、この文書が示すように、泰範をめぐるやり取りと泰範の最澄からの離反が、平安仏教の二人の巨人の決裂を決定的なものとした、ということはいえるだろう。

その後の泰範だが、引き続き空海に師事し、空海が高野山を開くときには師に先立って登山して草庵を結んだ。空海十大弟子のひとりに数えられる。

最澄と空海の根本的な仏教観の相違

同じ遣唐使に加わるという奇縁にはじまり、一時は友好的な交わりを続けていた最澄と空海だったが、遺憾ながら結局は喧嘩別れのようなかたちに終わり、別々の道を歩むことになってしまった。もし両者が手を取り合いつづけることができたら日本仏教の歴史はどう変わっていただろうか、と考えてしまうところだが、しかし二人の仏教観には根本的な相違があり、別離にいたることは避けられなかったともいえる。

最澄は、泰範宛の手紙では天台宗と真言宗に優劣はなく、両者は一致するとしていたが、本音をいえば、天台宗の年分度者に密教（真言宗）系の遮那業と天台系の止観業の二つがあったことからも想像できるように、天台宗が基本で、その中に真言宗を包摂しえると考えていたのではないだろうか。実際、最澄は日本に天台宗を確立するにあたって、中国天台宗と違って、天台教学を土台としつつ、禅、戒律、密教の諸要素をも取り込もうとしている（これを四宗（ししゅう）融合という）。たとえるならば、最澄は天台宗という大きな円を描いて、真言宗を含むさまざまな宗派の教えをその中に包み込もうとしたともいえる。

それに対して空海は、真言宗（密教）とそれ以外の仏教（顕教）とのあいだには越えられない差異があり、真言の教えこそが最も優れたものだとする立場にたつ。真言宗は他の教えと次元が異なるというのである。天長七年（八三〇）撰進の著作『十住心論』のなかで空海は人間の心の発展段階を十に分類しているが、天台宗の心のありようを八段階目の「一道無為心」とし、真言宗のそれを最後の第十段階である「秘密荘厳心」に位置づけ、仏の悟りそのものとしている。空海は仏教全体を、真言宗を頂点とするピラミッドとしてとらえたといえるだろう。あるいは、真言宗をゴールとする一本の直線としてとらえていたのかもしれない。

このようことからすれば、最澄と空海の仏教哲学には埋めようのない懸隔があり、二人が袂を別つのは宿命であったといえる。両雄並び立たず、といったところであろうか。

高野山　空海は最澄との「訣別」の後、弘仁7年（816）に泰範や実恵らを派遣して高野山の開創に着手した（和歌山県伊都郡高野町）

九州と東国への布教

『法華経』による国家鎮護をめざして

報恩のためふたたび九州へ

空海との確執が闡明になりはじめていた弘仁五年（八一四）の正月十四日。この日は宮中で催された御斎会の最後であったが、天台の深遠な教義を聞きたいという嵯峨天皇の願いを受けて、最澄は南都の高僧たちと殿上で対論を行った。御斎会とは宮中で正月八日～十四日に行われるもので、南都六宗の学僧が『金光明最勝王経』を講説して国家安穏を祈り、天皇や皇族がこれを聴聞するものであった。

この年の春、四十九歳の最澄は九州へ出かけている。九州を訪れるのは、遣唐使に関連して延暦二十二年（八〇三）に立ち寄って以来の二度目である。

『叡山大師伝』は、最澄が九州に向かった理由を、「渡海の願いを遂げるため」とす

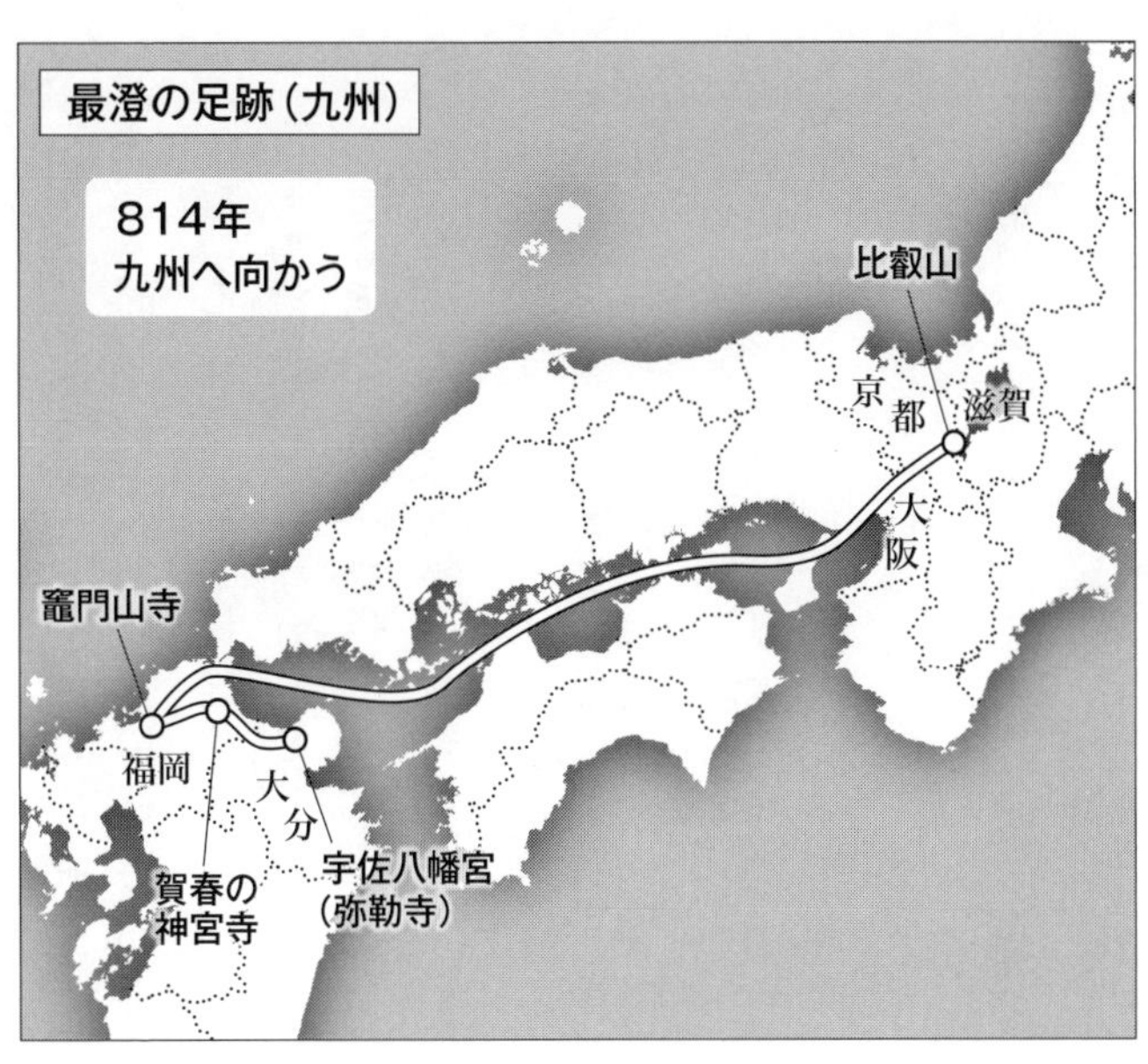

る。およそ十年前、大宰府の竈門山寺を詣でて遣唐使渡海の加護を祈っているが、無事入唐と帰国を果たすことができ、また天台宗の態勢もある程度整ってきたので、報恩に赴いたのだろう。

まず筑紫国に入った最澄は、高さ五尺の檀像千手観音菩薩像一軀・『大般若経』二部千二百巻・『法華経』千部八千巻を奉納した。奉納先を『叡山大師伝』は記していないが、おそらく竈門山寺であろう。

さらに最澄は宇佐八幡宮（宇佐神宮／大分県宇佐市南宇佐）を詣

で、神宮寺（弥勒寺）で『法華経』を講じた。このとき八幡大神の託宣があり、「久しく法音を聞いていなかったが、幸い最澄和上に会って正しい教えを聞くことができた」と随喜し、自ら斎殿を開けて法衣を最澄に授けたという。

続いて最澄は前回でも訪れた豊前国の賀春（福岡県田川郡香春町）へ行き、香春神社の神宮寺で『法華経』を講じ、神恩に報謝した。この神宮寺は、前回訪れた際に最澄が建てた法華院（神宮院）と同じものか、もしくはその神宮寺の敷地に法華院が建てられていたのだろう。

最澄が『法華経』を講じたとき、紫雲が香春の峰から生じて蒼空に広がって靄となり講説の場を覆ったので、瑞相を見た人びとは深く感銘した。ただし、地元の役人たちがこのことを文書に記録して最澄に奉ると、最澄はみずからそれを厳封し、自分が死ぬまでは封を切ってはならないと弟子の義真に厳命したという。これも『叡山大師伝』に書き留められているエピソードである。

弟子を率いて東国巡化に向かう

九州から帰京後の弘仁六年三月、最澄が唐から将来した天台仏典の表具がようやく終わり、南都七大寺に安置された。最澄が唐から帰朝した延暦二十四年、法門の天下流布を願う桓武天皇は天台仏典の七通の書写と南都七大寺への配布を命じていたが、十年かかってそれが完了したのである。三月十七日の桓武天皇の命日には、嵯峨天皇が金字で『摩訶止観』の題字を書いたという。この書は現存しないが、嵯峨天皇は、空海、橘逸勢とともに三筆に数えられることで知られる。

八月には、和気氏の要請により、最澄は奈良の大安寺（だいあんじ）塔中院で天台を講じ、南都の大徳たちが集まってはげしい法論が行われた。

弘仁五年の九州訪問は天台法門の布教という意図もあったと思われるが、天台宗の勢いがこのように増すなか、最澄の目はいつしか東方にも向けられていて、弘仁八年春、今度は東国へ旅立った（最澄の東国行を弘仁六年とする見方もあるが、本書では通説に従って弘仁八年とする）。

その道筋をおもに田村晃祐『最澄』の記述に沿ってたどってみると、弟子の円澄・円仁（えんにん）・徳円を伴って、当時は東日本における表通りであった東山道（とうさんどう）をとって東国をめざした。美濃（みの）（坂本駅）と信濃（しなの）（阿知駅（あちのえき））のあいだの神坂峠（みさかとうげ）は地形が急峻で、東山道最大の難所として知られていて、最澄たちも難渋したと思われるが、この東行を機に、険路を通る旅人の便をはかるべく美濃側に広済院、信濃側に広拯院という宿所を建てた。それは布施屋に類する簡易な宿泊休憩所のようなものであったと考えられるという。

東国に入った最澄一行は、道忠の弟子や孫弟子がいる寺々を訪問した。道忠は鑑真の弟子で、関東を中心に布教を行って「東国の化主」とうたわれ、かつて入唐前の最澄が比叡山で一切経の書写を志したとき二千余巻を助写した人物である。

ちなみに、最澄の東国巡化に同行したことが明らかな弟子三名はいずれも東国出身で、うち二名は道忠門下であった。まず円澄（七七二～八三七年）は武蔵国の生まれで、十八歳で道忠の弟子となり、道忠が最澄の一切経助写を行った翌年の延暦十七年（七九八）に比叡山に登って最澄の弟子となり、最澄没後の天長十年（八三三）には第二代天台座主となった。天台座主とは延暦寺トップの称である。円仁（七九四～八六四）は下野国の生まれで、道忠の弟子広智の門に入り、十五歳ごろに比叡山に登り最澄の弟子となった。弘仁五年（八一四）、天台宗の年分度者として得度している。斉衡元年（八五四）には第三代天台座主に就いた。徳円は、道忠門下ではないが、下総国出身であった。

三月六日、最澄は下野国の大慈寺（栃木県栃木市岩舟町小野寺）で円仁と徳円に菩薩戒を授け、また三部三昧耶を授けた。

五月十五日には上野国の緑野寺（浄法寺とも／群馬県藤岡市浄法寺）の法華塔の前で、最澄は鎮護国家・利楽有情のため、胎蔵界金剛界両部の大曼荼羅壇に入り、宝蓋を取って、円澄と当時は東国の道忠教団の中心的人物であったと思われる広智に両部の灌頂を伝授した。

『法華経』千部を安置する宝塔を造立

最澄の東国巡化には、より具体的な目的もあった。

『叡山大師伝』によれば、最澄の本願は、「『法華経』を計二千部（一万六千巻）書写し、上野・下野の各国に宝塔を建て、各塔に書写経を一千部（八千巻）ずつ安置し、その塔の下で日々欠かさず『法華経』の長講（長時にわたり不断に『法華経』などを講説する法会）を行わせ、あわせて『金光明経』や『仁王経』などの大乗経典も長講させる」というものであった。つまり端的にいえば、天台宗が所依とする『法華経』を説き弘めることが目的であったのだ。

817年
東国へ向かう

最澄の足跡（東国）

そして、上野国の緑野寺（浄法寺）と下野国の大慈寺では、実際に最澄の発願によって宝塔が設置され、現地で書写された『法華経』がそこに安置されたと考えられている。長講も止住する僧侶たちによって続けられたことだろう。

『叡山大師伝』は、上野国緑野寺にまつわるこんなエピソードを記している。

「信濃国大山寺の正智（しょうち）禅師が、上野国での知識（ちしき）（寄付）による『法華経』千部書写にあずかろうと二百部を助写し、それを七頭の馬に乗せて送ろうとした。ところが、馬はこぞって餌を喰わず、動こうとせず、眠るように寂黙してしまった。すると諏訪大神の託宣があり、『私も千部の知識にあずかりたいのでこんな怪異を示したのだ。私がこの経典を送り助けよう』という。すると七頭の馬は餌を食べ出し、疲れを見せずに緑野寺へ送り届けた。このとき荷担が道に並び、旋風が吹いて前へ進めたので、人びとは驚いた」

諏訪大社の神は風神としても知られるが、その大神が功徳にあずかろうと、神威をあらわして『法華経』の書写と宝塔の建立に参加したというわけである。

宝塔落成の法会には多くの民衆が参集したと伝えられる。その人数は、鎌倉時代末成立の仏教史書『元亨釈書』によれば、誇張があるとは思われるが、緑野寺で九万人、大慈寺で五万人に及んだという。

こうして東国の教化をはたしたのち、年内には最澄たちは比叡山に無事帰山しただろう。

六所宝塔の造立を構想していた

東国での宝塔造立は、じつは最澄の遠大な計画の一部でもあった。

最澄は、日本の東西南北と中央を安鎮し、さらにそれらを総括するために、『法華経』千部を安置する宝塔を六カ所に建てるという構想をいつしか立てていた。これを「六所宝塔」という。いわゆる「弘仁九年六所宝塔院願文」(園城寺文書『比叡山寺僧院等之記』所収)は、その内訳を次のように記している。

安東　上野宝塔院　上野国緑野郡に在り
安南　豊前宝塔院　豊前国宇佐郡に在り
安西　筑前宝塔院　筑前国に在り
安北　下野宝塔院　下野国都賀郡に在り
安中　山城宝塔院
安国　近江宝塔院
　已上の両宝塔は比叡峯に在り
(引用者注：原文には欠字があるが、通説に従って補った)

いずれも「〜宝塔院」とあるが、要するに、宝塔とその塔を管理・供養する堂宇をセットで建立するという発想だろう。この願文によると、弘仁九年(八一八)の時点で六塔すべてが完成していたようにも読めるが、それはちょっと考えにくい。

一つひとつを見てゆくと、安東の上野宝塔は緑野寺の宝塔にあたり、現在もその後身に相当する相輪樘が立つ。安南の豊前宝塔は「豊前国宇佐郡」とあるので、宇佐神宮の神宮寺である弥勒寺を造立地としたとみられるが、実際に造立されたのかどうかははっきりしていない。安西の筑前宝塔は竈門山寺（有智山寺）に建てられたが、完成したのは十世紀前半であった。安北の下野宝塔は大慈寺の宝塔にあたり、こちらも現在相輪樘が立っている。

安中の山城宝塔は比叡山の西塔（相輪樘）、国全体を安鎮する近江宝塔は比叡山の東塔（総持院の多宝塔）にあたるが、これらは最澄の生前には完成しなかった。

日本全国を『法華経』の法力によって守護し、その中核を比叡山が担うという、じつに壮大なプランである。六所宝塔の造立は、最澄にとっては、のちにふれる大乗戒壇の独立と並ぶ、生涯における二大目標であったともいえよう。最澄が弘仁年間に行った九州と東国への旅は、このプランの実現に向けた遠征でもあったのだ。

徳一との論争

南都仏教の学匠との対決

東国を席巻していた法相宗の徳一

最澄の東国巡錫は、最澄に同調する道忠系の僧侶が東国に多くいたからこそ成功したともいえるわけだが、当時の東国には、道忠系教団とは対抗するかたちで教勢を伸ばし、民衆の支持を得ていた僧侶もいた。それが徳一という法相宗僧侶である。そして最澄の東国巡錫に前後して、最澄とこの徳一とのあいだには、のちに「三一権実諍論」「一三権実論争」などと呼ばれることになる一大論争が勃発している。

徳一が属した法相宗とは、玄奘三蔵によってインドから唐にもたらされた「唯識論」を柱とする宗派で、一切は心の本体である「識」の働きによって現出したものと説く。日本へは、白雉四年（六五三）に入唐して直接玄奘に学んだ道昭によって伝来した。

徳一の生没年は不明だが、徳一研究者の高橋富雄氏は、諸資料をもとに天応元年（七八一）生まれ、承和九年（八四二）没と推定している（『徳一と最澄』）。だとすれば、天平神護二年（七六六）生まれの最澄よりはかなり年少だったことになる。

徳一像　法華一乗を唱える最澄とは著作の応酬という形で論争が行われた（勝常寺蔵、湯川村教育委員会）

奈良興福寺の修円に法相教学を学び、法相僧となる。彼を興福寺僧ではなく東大寺僧とする史料もあるが、ともかく若くして南都を去って東国で修行を積み、会津に恵日寺（福島県耶麻郡磐梯町磐梯）、常陸に筑波山寺（中禅寺／茨城県つくば市筑波）を開いた。粗食・弊衣に甘んじ、泰然として清貧をたのしんだという。生前すでに徳一菩薩・徳一大師と称され、「東国の化主」と景慕された。恵日寺で遷化したが、全身はすこしも崩れることがなかったという。

恵日寺・筑波山寺以外にも、東国には福島県を中心に徳一が建立したと伝えられる寺院は多く、関係寺院は五十カ寺近くにのぼるという。また、十六部もしくは十七部の著作を行ったとされるが、残念ながらほとんどが散逸している。

なお、鎌倉時代以降の徳一伝には、彼を天平宝字八年（七六四）に乱を起こした藤原仲麻呂（恵美押勝）の子とするものもあるが、信憑性にとぼしい。

著述を介して行われた激しい論争

最澄が東国を巡化したころの徳一は、すでに南都を立ち去って久しく、おもに会津の恵日寺に住していたようである。

その徳一が法相宗の立場から最澄と天台宗を批判し、弘仁八年（八一七）からおよそ五年にわたって論争が断続することになったのだが、しかし、両者がどこかで直接会って法論をたたかわせたというわけではない。両者の論争は基本的には著述を介して行われたとみられる。

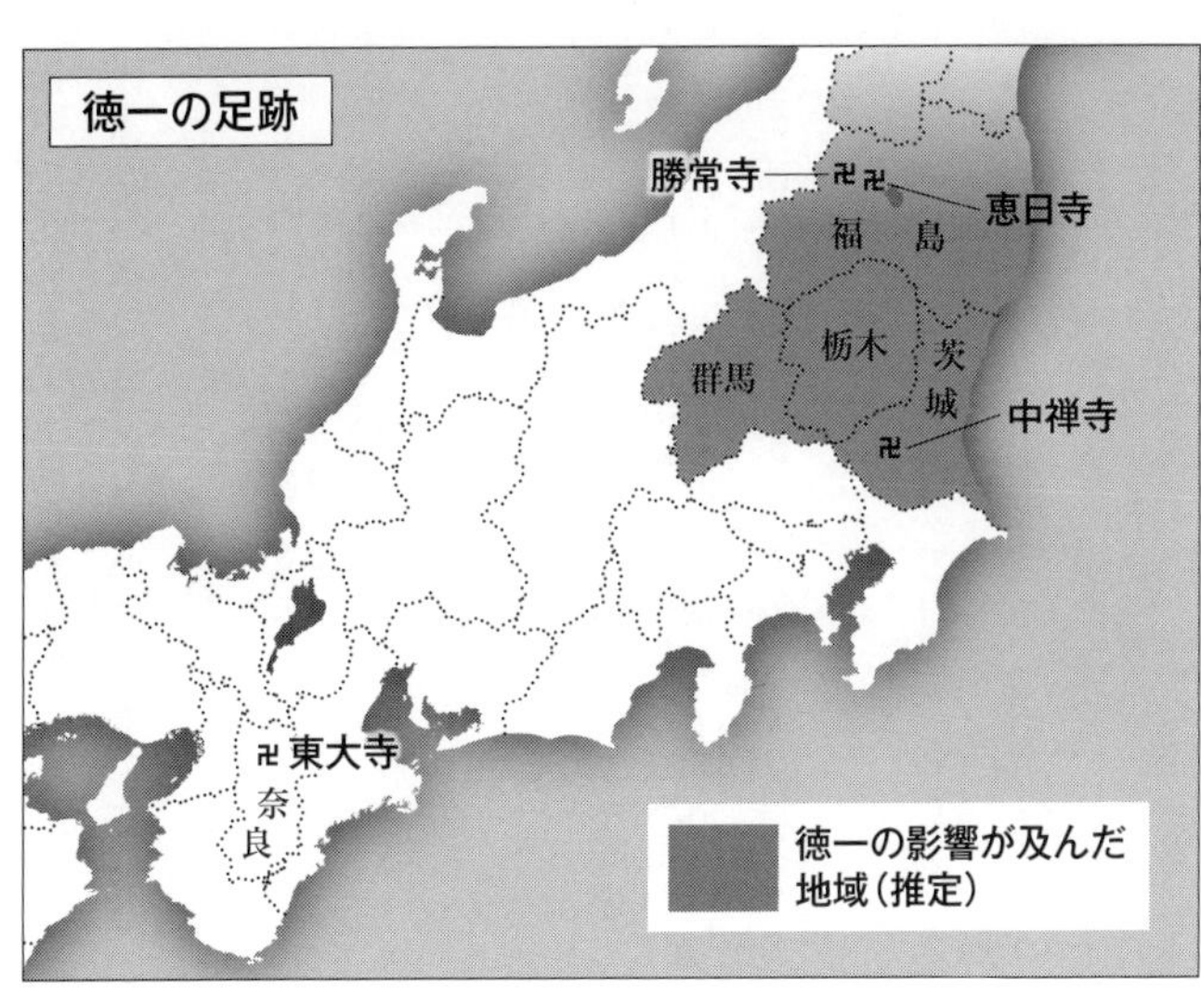

現存する史資料によるかぎり、論争をしかけたのは徳一のほうだったようで、彼は弘仁八年までに著した『仏性抄』によって、天台宗が所依とする『法華経』は釈尊が真実の教えへ人びとを導くための手段として説いた教えであり、仮（権）の教えにすぎないと批判した。

一方、この『仏性抄』に対する反論として最澄が著したのが『照権実鏡（しょうごんじっきょう）』で、「仏の真の教えはただ一つであり、それによってあらゆる衆生（しゅじょう）が成仏できる」とする一乗の法を説く『法華経』こそが真実の経典だと主張した。

この間の論争の経過だが、『仏性

抄』の正確な成立時期は不明だが、『照権実鏡』の撰述が弘仁八年二月であることは後書からはっきりしている。そして最澄が東国へ発ったのは、通説によれば、「弘仁八年春（一～三月）」である（弘仁七年五月一日の泰範宛最澄書簡に「来春の節を以て東遊して頭陀（ずだ）し」とあることによる）。そうすると、論争の流れは次の三つのうちのいずれかであったと推測できる。

①比叡山に届けられた徳一の『仏性抄』を読んだ最澄が反論として『照権実鏡』を書き上げ、徳一に届けるべく東国へ向かった
②比叡山で『仏性抄』を読んだ最澄は、東国へ下る途中で『照権実鏡』を著した
③最澄は東国へ向かうなかで『仏性抄』を目にし、旅行中に『照権実鏡』を著した

しかし、このうちのどれかだと断定することはできそうもない。もし①か②であるなら、徳一との対決が最澄の東国行の目的の一つでもあったことになるが、先に記したように、両者が直接顔を合わせた形跡はない。

その後の経過をみると、この論争をめぐる著述であることがほぼ確実なものをあげ

てゆくと、徳一には『中辺義鏡』『慧日羽足』『遮異見章』『中辺義鏡残』がある。最澄には『守護国界章』（『中辺義鏡』への批判）『決権実論』『通六九証破比量文』『法華秀句』がある。『守護国界章』は東国から帰山後の弘仁九年の成立である。『法華秀句』は弘仁十二年撰述で、一般にはこれをもって論争は終結したということになっている。ただし、これ以外にも論争に関わる著作のやり取りがあったことは、当然想像されるところだ。また、ここに挙げた徳一の著作はすべて散逸しており、最澄の著作にみえる引用からその内容が知られるのみであることにも注意を要する。

「三一権実諍論」のポイント

二人の論争は難解な仏教教理をまじえた煩雑なものだが、ポイントを整理してまとめると次のようになろう。

①天台宗と法相宗

大量に存在する経典を形式や成立期などによって分類・判定し、自宗が依拠する経典を頂点にそれらを体系づけることを「教相判釈」あるいは「教判」という。この教判の点で、最澄が拠る天台宗と、徳一が拠る法相宗には、根本的な相違があった。

天台宗では諸経典を釈尊が一代で説いた教えとみなして時期別に分類し、「五時教判」と呼ばれる次のような教判を行った。

〈天台宗の五時教判〉

第一時／華厳時…『華厳経』が説かれた時期
第二時／鹿苑時…『阿含経』が説かれた時期
第三時／方等時…『維摩経』などの大乗経典が説かれた時期
第四時／般若時…『般若経』が説かれた時期
第五時／法華涅槃時…『法華経』と『涅槃経』が説かれた時期

そして、第五時に説かれた、すなわち釈尊が晩年の八年間に説いた『法華経』が最高の教えであり、天台法門であるとされた（『涅槃経』は最後の一日一夜で説かれたとされた）。

一方、法相宗では「三時教判」が行われた。

〈法相宗の三時教判〉

第一時教／四諦教…諸法を有と説く教え

第二時教／般若教…諸法を空と説く教え
第三時教／唯識教…諸法を非有非空と説く教え

そして、第三時教こそが法相宗とされたのである。

このような教判の相違などをもとに、最澄と徳一は相互に教学を批判しあい、自宗の立場こそが釈尊の真意をあらわしていると主張した。

②一乗と三乗

仏教では、その教え全般を、衆生を「悟り」という目的に導く「乗り物」にたとえ、大きく次の三つに区分した。これを「三乗」と呼ぶ。

声聞乗…仏の教えを学び聞いて悟る修行者のための教え
独覚乗（縁覚乗）…仏の教えによらず、ただ独りで修行して悟りを開く修行者の教え
菩薩乗…悟りをめざして修行する者（菩薩）のための教え

天台宗では、このような三乗の違いがあることをとりあえず認めながら、じつは三乗の違いはすべての衆生を悟りに導くための仮の教え（方便）であり、声聞乗も独覚

乗も実際には菩薩乗に収斂され、菩薩乗によれば誰もが悟りを開いて成仏に至ることができるとした。さらにこのこと、つまり三乗の差別が一乗に止揚されることを説いたのが『法華経』であるという。言い換えると、三乗の別なく一切衆生に成仏への道が平等に開かれていて、そのことを表明したのが『法華経』なのだ、ということになる。これを一乗思想とか法華一乗などといい、最澄の基本的な姿勢でもあった。

　これに対して法相宗では、三乗の違いは仮の教えではなく絶対的なもの（実）であり、成仏できる人と成仏できない人がいると主張した。これが三乗思想だが、法相宗ではこの問題をさらに深く分析して、「五種姓（五性格別）」という説を立てた。五種姓とは人間をその素質の相違に応じて、①菩薩定姓、②独覚定姓、③声聞定姓、④三乗不定姓、⑤無性有情の五つに分けるもので、このうち⑤の無性有情はそもそも仏教に入る種をもっておらず、成仏できないとする。そして『法華経』は④の三乗不定姓の人びとを勇気づけて成仏に向かわせるための仮の教えにすぎないとした。

　つまり、天台宗・最澄は「一乗を説く『法華経』が真実の教えであり、三乗は仮（権）の教えである」とする立場に立ち、法相宗・徳一は「三乗が真実の教えであり、一乗を説く『法華経』は仮（権）の教えである」という立場に立ち、それぞれが論陣を張った。この論争全体が「三一権実諍論」と呼ばれた所以である。

徳一との論争が最澄の天台哲学を洗練させた

三一権実諍論の結末はどうなったのか。

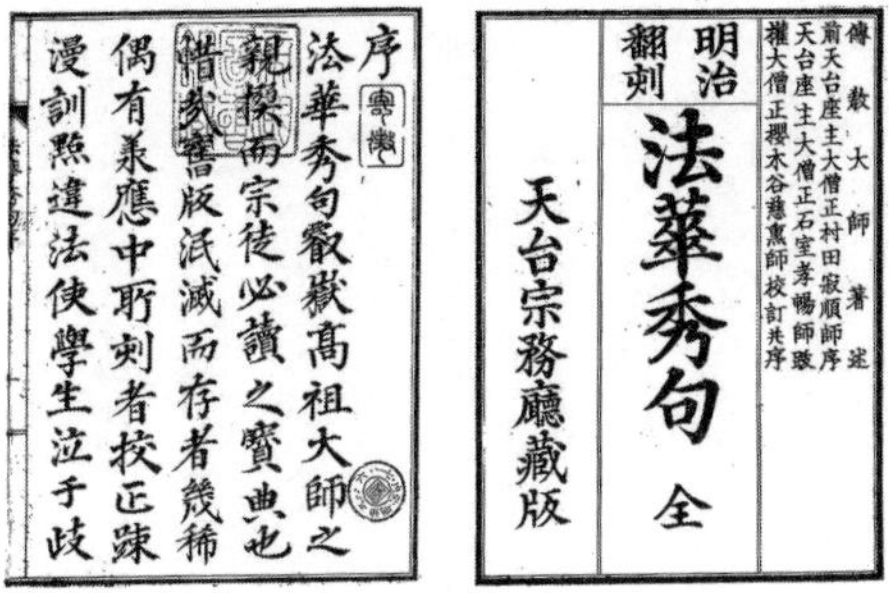
傳教大師 著述
前天台座主大僧正村田寂順師序
天台座主大僧正石室孝暢師跋
權大僧正櫻木谷慈薫師校訂并序
明治翻刻
法華秀句 全
天台宗務廳藏版

序
法華秀句叡嶽高祖大師之
親撰而宗徒必讀之寶典也
惜哉舊版泯滅而存者幾稀
偶有兼應中所刺者校正疎
漫訓點違法使學生泣于歧

『法華秀句』『法華経』が当時流行していた法相・三論・華厳・真言などの諸宗の教えより優れている点を挙げ、特に徳一が『法華経』を誹謗したことを糾弾した（明治時代の刊本、天台宗務庁発行、国立国会図書館）

日本の仏教史をみると、やがて法相宗が衰え、代わって天台宗が盛んになっていったので、最澄側が勝利して決着したように受け取られがちだが、どちらかが論争に勝利したことを確証する史料はない。

弘仁十二年の最澄の『法華秀句』をもって論争に終止符が打たれたことになっているが、この後に徳一が反論を行っていた可能性も否定できない。翌弘仁十三年に最澄は病没しているので、体調の問題もあって論争の継続が難しくなったという状況も想定できる。また、一乗と三乗の対立が象徴するように、そもそも両者の立場には根本的な相違があり、論争はことごとく嚙み合っていないようにも映る。とくに勝負はつかずに引き分けに終わったとみるのが、妥当なところではないだろうか。

現代では、徳一という僧侶は最澄との論争以外で顧みられることがないが、最澄も舌を巻くほどの当代きっての学匠であったことは間違いない。徳一は空海にも論争を挑み、真言宗教理への疑問を述べた『真言宗未決文』を著している。

おまけに徳一は、法相宗という既成の伝統宗派に属してはいたものの、最澄や南都の高徳たちとは違って、天皇や中央貴族をとくにパトロンとしていたわけではない。また、最澄と天台宗の躍進ぶりを苦々しく思っていた南都の法相僧たちは徳一の最澄への論駁に快哉を叫んだことだろうが、かといって、徳一が彼らから特別の支援を受けていた様子もない。そんな孤高の身にありながらも、徳一はいわば在野の立場で東国から都の新興宗教を果敢に批判して相手をきりきり舞いさせたわけだから、彼の方にやや軍配をあげてもよさそうな気もする。

ただし最澄の側からすれば、この激しい論争が、本人が晩年にいたって天台教学を改めて整理し、理解し、総括することに大いに役立ったということはいえるのではないだろうか。実際、この論争のおかげで最澄は多くの著作をものし、後世にそれが伝えられることになったのだ。

慧日寺跡　写真は復元された金堂と中門。平安時代に会津で法相宗が栄えるも、その後は衰退し、明治期にいったん廃寺となった（磐梯町教育委員会、福島県耶麻郡磐梯町）

徳一が止住し、また入滅地と伝えられる会津磐梯山の麓の恵日寺は平安時代中期以降、東国仏教文化の拠点としてますます隆盛した。丈六の金銅薬師如来、日光・月光菩薩、十二神将、四天王などの諸仏が安置され、子院は三千八百を数え、会津四郡をことごとく寺領としたという。しかし中世には衰微してしまった。

近年、旧伽藍地区は史跡「慧日寺跡」として整備が進み、平成二十一年（二〇〇九）までに創建時の金堂・中門が復元され、平成三十年には明治初期に火災で失われた本尊薬師如来像も復元されている。

大乗戒独立と遷化

真の菩薩僧の育成に向けて

小乗仏教系の戒律を棄てると表明した最澄

弘仁九年（八一八）三月、最澄は突如、衝撃的な宣言を行った。かつて二十歳のときに東大寺戒壇で受けた戒律、すなわち二百五十戒からなる具足戒（ぐそくかい）（小乗戒）をすべて捨てると弟子たちに告げたのだ。このときの最澄の言葉を、『叡山大師伝』は次のように記録している。

「今より以後、声聞（小乗仏教の修行者）の利益（りやく）を受けず、永く小乗の威儀（戒律）にそむかん。即ち自ら誓願して二百五十戒を棄捨す」

第1章でも記したように、当時の日本仏教では、東大寺・筑前観世音寺（ちくぜんかんぜおんじ）・下野薬師寺のいずれかの国立戒壇で具足戒を受けなければ、正式な僧侶としての資格を得られないというシステムになっていた。だからこそ、青年時代の最澄も東大寺で受戒したのである。にもかかわらず、その戒律を棄てるということは、つまり具足戒を否定してもう守らないと表明することは、僧侶としての資格も棄てることになるはずである。なぜ最澄はそんな大それた行動をとったのだろうか。

このときの最澄の言動を理解するには、小乗と大乗、声聞と菩薩、小乗戒（具足戒）と大乗戒（菩薩戒）の違いをおさえておく必要がある。

仏教は今からおよそ二千五百年前（紀元前六〇〇～前四〇〇年ごろ）に北インドで釈尊（ゴータマ・ブッダ）が開いた宗教である。釈尊の入滅後も弟子たちが率いる一つの教団によって仏教は伝承されたが、仏滅から百～二百年ほどたつと教団に分派が生じ、最終的に二十程度のグループ（部派）が成立した。これを「根本分裂」と呼び、この時期に成立した仏教は「部派仏教」と総称される。

一世紀ごろになるとインド仏教に「大乗仏教」というもう一つ大きな流れが生じた。そのルーツについては議論があるが、部派仏教を「出家者（僧侶）が悟ることのみに専心し、民衆の救済を顧みていない」と批判する人びとによって形成された。そして彼らは自分たちの立場を「一切衆生を悟りに導く大きな乗り物」すなわち「大乗」と名づけ、旧来の部派仏教を「小乗」と貶称したのである。

大乗仏教では、本来は出家前の釈尊をさす言葉であった「菩薩（ボーディサットバ）」を、「悟りを求めつつ、他者をも救って悟らせるべく修行を重ねる者」の意にとらえ、菩薩のありようを利他をめざす修行者の理想像として重んじた。そして小乗仏教を、自己の悟りのみをめざす僧侶である「声聞」のための仏教にすぎないと批判したのである。

中国や朝鮮、日本に流伝したのは、おもに大乗仏教であった。もちろん最澄の天台宗も大乗仏教に分類される。

ただし大乗仏教も、戒律の点では小乗仏教に準拠していた。小乗仏教では正式な僧侶になるには通常二百五十の項目からなる具足戒（小乗戒）を師僧から受けなければならなかったが（尼僧の場合は三百四十八戒）、この点は大乗仏教でも基本的には同じであり、小乗仏教の戒律である具足戒を受けなければ正規の僧侶の資格を得ることができなかった。

戒律のテキスト（律典）も部派によって違いがあるのだが、中国の大乗仏教をみると、小乗部派の一つである法蔵部が伝持した律典の漢訳『四分律』に依拠して、受

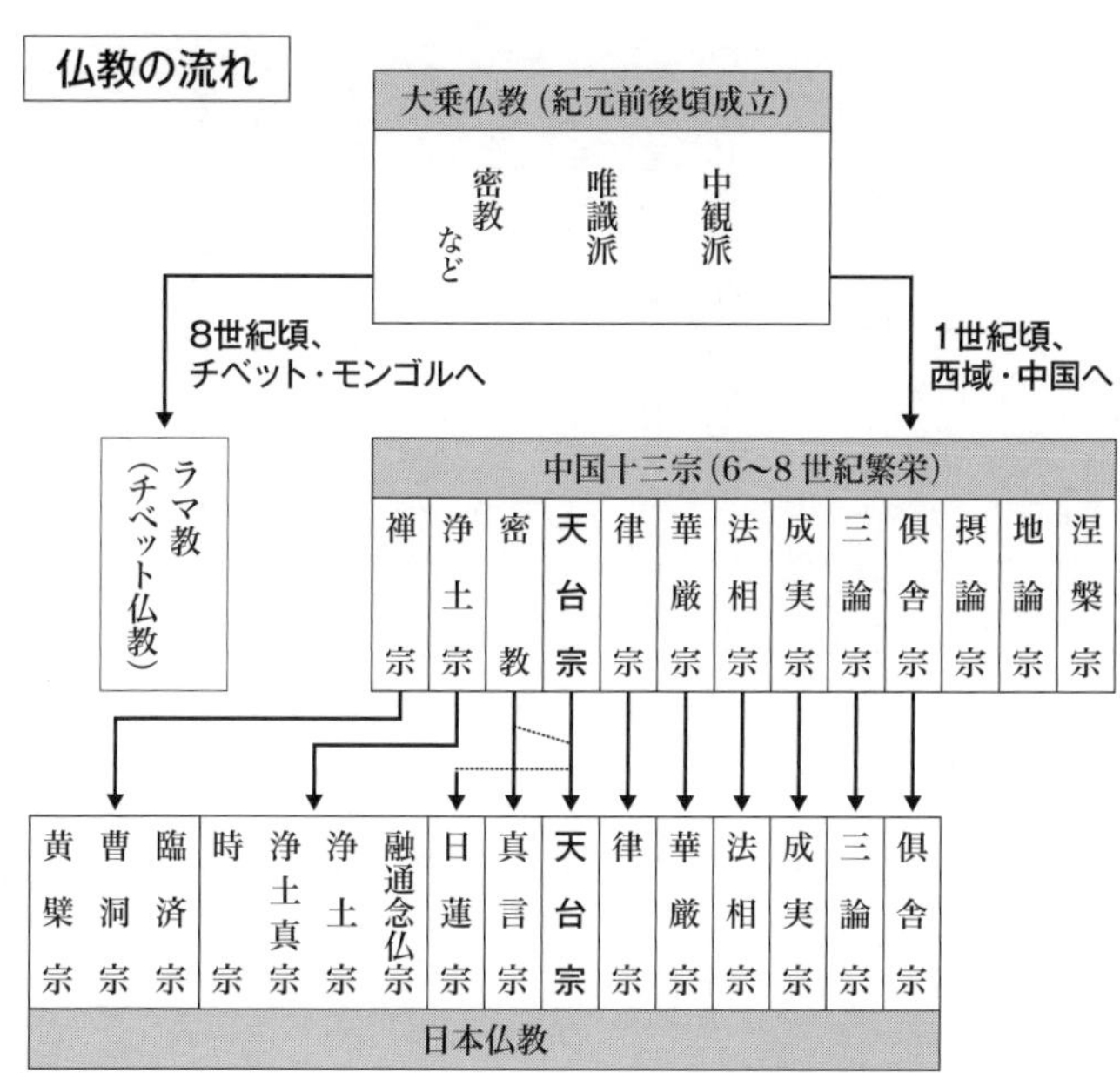

戒・授戒を行っていた。日本もこれにならい、奈良時代の鑑真来日以来、得度した僧侶に対しては国立戒壇で小乗系律典『四分律』にもとづいて具足戒を授け、それをもって正式な僧侶としていたのである。

大乗戒独立をめざした最澄

ところが中国の大乗仏教には、具足戒とは別に、独自のものとして「大乗戒」があった。菩薩としての自覚をもつために受持する戒律で、菩薩戒ともいい、その代表的なものは、『梵網経』（中国で撰述された偽経とされる）に説かれる「十重四十八軽戒」である。ただし、大乗戒は必ず僧侶が受持しなければならないものではなく、具足戒を受けた僧侶がオプションで受けるような性格のものだった。また、出家だけでなく在家でも受けることができた。つまり、僧俗の別なく、また僧・尼僧の別もなく、あらゆる仏教徒が共通して受持すべき戒律とされたのだ。ちなみに、最澄は入唐中の延暦二十四年（八〇五）に龍興寺の道邃から大乗戒を受けている（67ページ参照）。

ところで、具足戒と大乗戒には、具体的にはどんな違いがあるのだろうか。

両者にはじつは重なる要素も多い。たとえば、具足戒の『四分律』では一切の性交を禁じる不淫戒が筆頭に位置づけられているが、大乗戒の『梵網経』にも不淫戒がある。だが、『梵網経』では不淫戒は第三番目に位置づけられ、自分の性交だけでなく他者に教えて性交をさせることをも禁止するという内容になっている。代わりに『梵網経』で筆頭に位置づけられているのは、生きものを殺すことを禁じる不殺戒である。また、飲酒を禁じる不飲酒戒とは別に、酒を人に売ったり人を使って売ったりすることを禁止する「不酤酒戒」という独自の戒もある。全般に大乗戒は、菩薩思想を反映させた、他者との関係を意識した内容になっている。

しかし、繰り返しになるが、大乗戒はオプションであり、大乗戒を受けただけでは正式な僧侶になることはできなかった。

その現状に異を唱えたのが最澄だったのである。具足戒は利己的な小乗の戒にすぎず、もはや必要ない。菩薩道に則った大乗戒こそ重んじるべきであり、大乗戒の受持をもって僧侶の資格要件とすべきだ──最澄はそう訴えたのである。つまり、大乗戒を、具足戒からは切り離された、それ自身で完結する独立したものにしようと考えたのだ。「自ら誓願して二百五十戒を棄捨す」という『叡山大師伝』の表現には、大乗戒独立に対する最澄のそんな決意がよくあらわれている。

大乗寺建立に向けた取り組み

具足戒を棄てると公言した最澄だったが、実際には、これ以後、朝廷や僧綱から僧侶として公認されなくなるということにはならなかった。すでに最澄と天台宗が高く評価されていたからだろう。

一方、最澄はこの時期、大乗戒独立運動の一環としてもう一つ別の取り組みも行っている。それは、大乗戒にもとづく菩薩僧のみが止住する大乗専門の寺院、すなわち大乗寺の建立に向けた運動である。

具足戒棄捨よりひと月前の弘仁九年二月、最澄は弟子の光定に対して、天台宗を将来に伝えるために大乗寺を建立したいと述べ、大乗寺が実現したら光定は「一乗」の号を授かることが約されたという（光定『伝述一心戒文』）。ここでいう「一乗」は、「法華一乗」という場合の一乗の意もあると思われるが、文脈からして、「大乗」とほぼ同義であるとも考えられる。そして最澄の頭の中では、比叡山に大乗戒を授ける戒壇を設立して大乗専門の菩薩僧を養成し、比叡山寺を大乗寺に発展させ、それを天台宗の本寺とすることが構想されていたはずである。

最澄は光定に対し、大乗寺建立と一乗号について、当時中納言もしくは大納言であった藤原冬嗣を通じて嵯峨天皇に奏上するよう命じた。四月、冬嗣を介して宣旨を受けたが、しかしそれは「且く須臾を待て」、つまり「大乗寺の建立はしばらく待つように」というものであった。

また光定は五月八日、最澄の意を汲んで右大弁（太政官右弁局の長）の良峯安世（桓武天皇皇子）にもコンタクトをとったが、良峯の説明は、「南都の僧侶たちが大乗寺の建立に反対している。意見を調整するので、しばらく待ちなさい」というものだった。

具足戒によらない大乗寺の建立は大乗戒独立を前提とするが、それは最澄が率いる天台宗が南都の大寺を中心とした従来の仏教体制から離脱することを意味する。このことは南都仏教の権威を否定するものであり、南都の高僧たちにとっては受け入れがたいものであったのだ。

十二年の籠山を課した『六条式』

しかし、最澄はあきらめずに大乗戒独立へ向けてさらに積極的に動き、五月十三日に『天台法華宗年分学生式』を朝廷に提出した。天台宗の年分度者についての新たな規則の裁可を天皇に要請したものだが、新制度によって大乗戒にもとづく天台僧を養成することが意図されていた。その規則（式）が六条からなっているため、『六条式』と略称される。

序はよく知られた次の言葉ではじまっている。

「国宝とは何物ぞ。宝とは道心なり。道心有るの人を名けて国宝となす」

国の宝とは、金銀珠玉や名刀などではなく、道心（悟りを求める心）をもっている人、つまり菩薩だというのである。ここには、大乗戒にもとづいて国宝たる菩薩僧を育成することをめざすという天台宗の理念が含意されている。

続けて最澄は古人の文を引いて「照千一隅、此れ則ち国宝なり」と記す。「照千一隅」は「千を一隅において照らす」あるいは「千里を照らす一隅の者」の意と解すことができ、「一隅」を比叡山の寓意とみれば、菩薩のあり方を示した文として意味が通るだろう。ところが、千を于と解して「一隅を照らす」と読むことも広く行われてきた。いまだ議論がある箇所である。また、「忘己利他」、すなわち自己を忘れて他者を利益することこそが慈悲の極みであるという、よく知られる言葉も続きの文章にあらわれている。

そして、いまだ日本には小乗の出家のみで大乗の出家がいないが、毎年二人と決められている天台宗の年分度者は大乗の菩薩僧にしたいと述べ、そのための六条の規則を記している。要約すると、次のようになる。

第一条：天台宗の年分度者は弘仁九年以降は大乗の僧とし、「仏子」という称号を

授け、円教の十善戒（『梵網経』の十重四十八軽戒のうちの十重戒）を授けて得度させ、菩薩の沙弥僧（見習い僧）とする

第二条：得度した菩薩の沙弥僧を、得度の年に仏子戒（『梵網経』の十重四十八軽戒）を授けて菩薩僧となす。そののち比叡山に住まわせ、十二年のあいだ山門を出させず、止観業（『摩訶止観』を中心とした天台の行業）と遮那業（『大日経』を中心とした密教の行業）を学ばせる

第三条：止観業を専攻する者には、毎年毎日、『法華経』『金光明経』などの大乗系の護国経典を長時にわたって読誦・講読させる

第四条：遮那業を専攻する者には、毎年毎日、『大日経』『仏頂尊勝陀羅尼経』などの密教系の護国真言を長時にわたって念誦させる

第五条：止観業もしくは遮那業を学び、十二年間の修行・学問を終えた僧は、しかるべく任用する。修行と学問の両方に秀でた者は常に山中に住ませて衆僧の指導者とし、国宝となす。学問に秀でた者は国師となし、修行に秀でた者は国用となす

第六条：国師・国用となった者は、太政官の命令によって伝法師・国講師に任命され、地方の各国に派遣されてその任にあたる

最後に最澄は「この六条の規則は慈悲によって人びとを大乗の教えに導き、これによって仏法は世に長く行われ、国家は基礎を固め、仏種は絶えることがないだろう」と書いてしめくくっている。

修行者に十二年もの籠山を課すところがとくに目を惹くが、最澄には、この六条式によれば大乗戒による真の菩薩僧を比叡山で確実に養成することができるという自信があったのだろう。そしてこれが実現し、実践されれば、比叡山寺は晴れて大乗寺となるのだ。

国宝としての菩薩僧の育成をめざす

さらに八月、最澄は『六条式』を補足する『勧奨天台宗年分学生式』を撰述して朝廷に提出した。こちらは八条からなるため『八条式』と通称される。得度以前すなわち沙弥になる前の段階にある得業学生に関する規則や十二年籠山期間中の行業の詳細、天台宗以外の宗派からの転入者（自進者）に関する規定などが記されている。

翌弘仁十年三月には、『天台法華宗年分度者回小向大式』が朝廷に提出された。寺院と戒律に関する最澄の考えを明確にしたもので、四条からなるので『四条式』と呼ばれる。その内容でとくに注目されるのは、受戒の戒師が現前の師ではなくても可とした点だろう。従来の具足戒の受戒儀式では正規の受戒をした十人の僧侶（現前の十師）の立ち合いが必要で、その十名は、戒和尚・羯磨師・教授師の三師と、儀式に立ち会って受戒を証明する僧侶七人の七証からなる。受戒者は、この十名の前で戒律を守ることを誓うのだ。奈良時代の日本は、この十師を十分にそろえることができなかったので、戒律に秀でた唐の鑑真を招請したのである。

ところが最澄は、大乗戒の場合には、釈迦仏（釈迦如来）を戒和尚、文殊菩薩を羯磨師、弥勒菩薩を教授師、十方の一切の仏を証師とすると規定し、現前の十師を不要とした。ただし、現前の師として一名の伝戒師を必要とするが、その伝戒師も、もしどうしても得られない場合は、受戒者が仏・菩薩の前で心を込めて懺悔して好相を得ることができれば、伝戒師なしでも可とした（好相とは仏・菩薩の出現、光明がさすなどの神秘現象をさす）。自誓受戒を許可したわけで、この先の日本仏教の道筋を決定づける画期的な改革案であった。

そして最澄は、このような方式で大乗戒を受戒した菩薩僧でなければこれから起こりうる災害をなくすことはできない、菩薩僧こそが国宝・国利である、と訴えている。

また、『四条式』と合わせて、大乗戒独立を願う上表文「請立大乗戒表」も書かれて提出されている。

『六条式』『八条式』『四条式』はまとめて『山家(さんげ)学生式』と呼ばれる。「山家」とは比叡山のことである。

既存の寺院勢力からの反撥を招く

『山家学生式』によって企図(きと)された大乗戒独立・大乗寺建立は、最澄にとって、それまでの活動の集大成ともいえるものであったが、これらの文書を朝廷はどう取り扱ったのだろうか。天皇は裁可を下したのだろうか。

残念ながら、結論からいうと、最澄の生前には裁可を得ることはできなかった。

『四条式』についてみると、弘仁十年三月の朝廷への提出後、それは僧尼を管轄する役所である僧綱(そうごう)にまわされて諮問された。僧綱は南都七大寺にも見解を求めたうえで結論をまとめ、五月十九日に「僧最澄の奉献せる天台の式幷(なら)びに表、教理に合わざるを奏するの事」を上表した（これは前述の「請立大乗戒表」に対する反論でもあった）。

当時の僧綱のトップである大僧都は法相宗の護命（ごみょう）であったが、その護命を筆頭に南都の高僧たちが署名したこの上表文には、「戒律を制定したのは釈尊であり、菩薩などではありません」「中国へ仏教を伝えた僧や日本に来朝した僧、これまで中国に留学した僧は、誰も戒律に関して異議を唱えませんでした」「最澄は唐の都を見ておらず、辺境の州にいただけですぐに帰ってしまい、規則を私造してたやすく奉献しています」などといったことが書かれ、最澄の大乗戒独立運動を道理に合わないものとして強く非難している。そして、最澄を召喚して正しい仏の教えに依拠して議論し、裁定すべきだとまとめている。

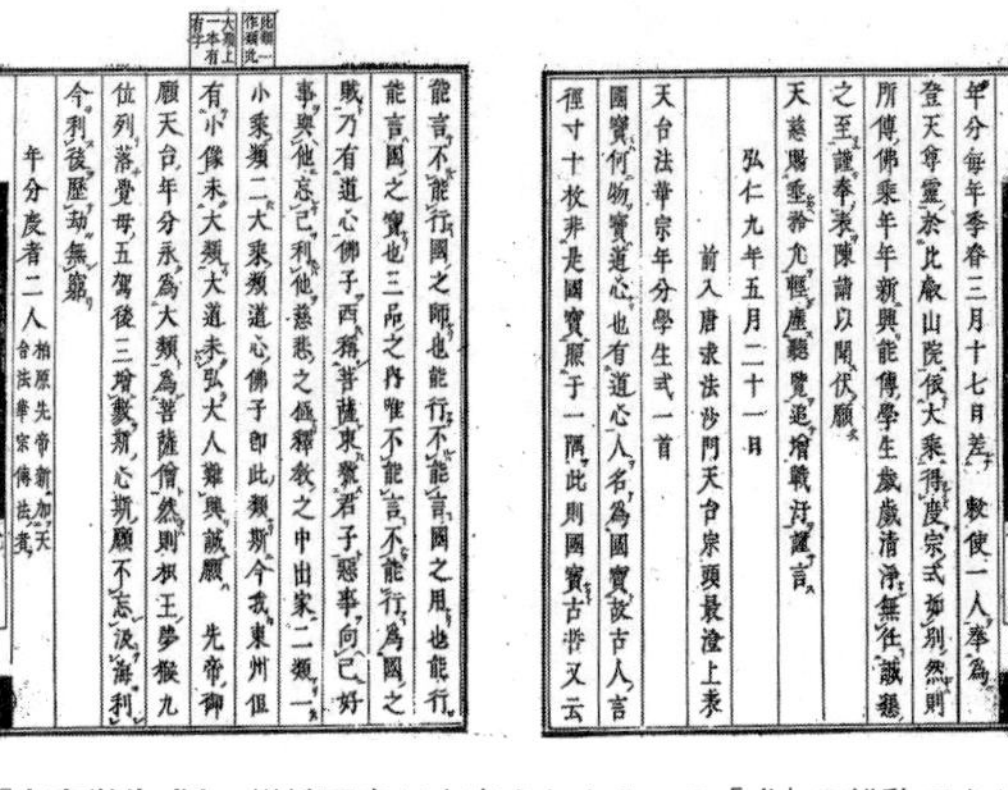
年分毎年季春三月十七日差敕使一人奉為
登天尊霊於比叡山院依大乗得度宗式加別然則
所傳佛乘年年新興能傳學生歲歲清淨無任誠懇
之至謹奉表陳請以聞伏願
天慈賜垂矜允輕塵聽覽追增戰汗謹言
弘仁九年五月二十一日
前入唐求法沙門天台宗頭最澄上表
天台法華宗年分學生式一首
國寶何物寶道心也有道心人名為國寶故古人言
徑寸十枚非是國寶照千一隅此則國寶古哲又云
能言不能行國之師也能行不能言國之用也能行
能言國之寶也三品之內唯不能言不能行為國之
賊乃有道心佛子西稱菩薩東號君子惡事向己好
事與他忘己利他慈悲之極釋教之中出家二類一
小乘類二大乘類道心佛子即此斯類今我東州但
有小像未大類大道未弘大人難興誠願　先帝御
願天台年分永為大類為菩薩僧然則枳王夢猴九
位列落覺母五駕後三增數斯心斯願不忘汲海利
今利後歷劫無窮
年分度者二人 柏原先帝新加天台法華宗傳法者

『山家学生式』　嵯峨天皇に上奏された3つの「式」の総称であり、有名な「一隅を照らす」という言葉は冒頭に見られる（明治時代の刊本、国立国会図書館）

最澄の大乗戒独立運動に対する南都仏

教の抵抗・反撥は激しさを増していて、天皇や朝廷もこの動きを無視できなかったのである。

この僧綱の上表文は十月に光定を介して最澄の手にも渡っている。

来世での大乗戒独立を誓って遷化

僧綱の反論に対して、最澄は『顕戒論』と『内証仏法相承血脈譜』を書いて弘仁十一年二月に宮中に奉進している。前者は僧綱への反駁として自身の戒律思想を詳細に論じたもの（三巻）、後者は釈尊からインド・中国の名僧をへて最澄に至るまでの仏法継承の系譜をまとめたものである（一巻）。

さらに『顕戒論』の補遺として『顕戒論縁起』を編纂し、弘仁十二年三月に太政官の史記官（外記局）へ提出した（二巻）。

だが、最澄のからだはすでに病に深く蝕まれていたようで、大乗戒独立へ向けた働きかけはこのあたりで頓挫を余儀なくされた。

弘仁十三年（八二二）二月、最澄は伝灯大法師位を授けられた。最晩年にいたって僧侶としての最高位が授与されたのである。

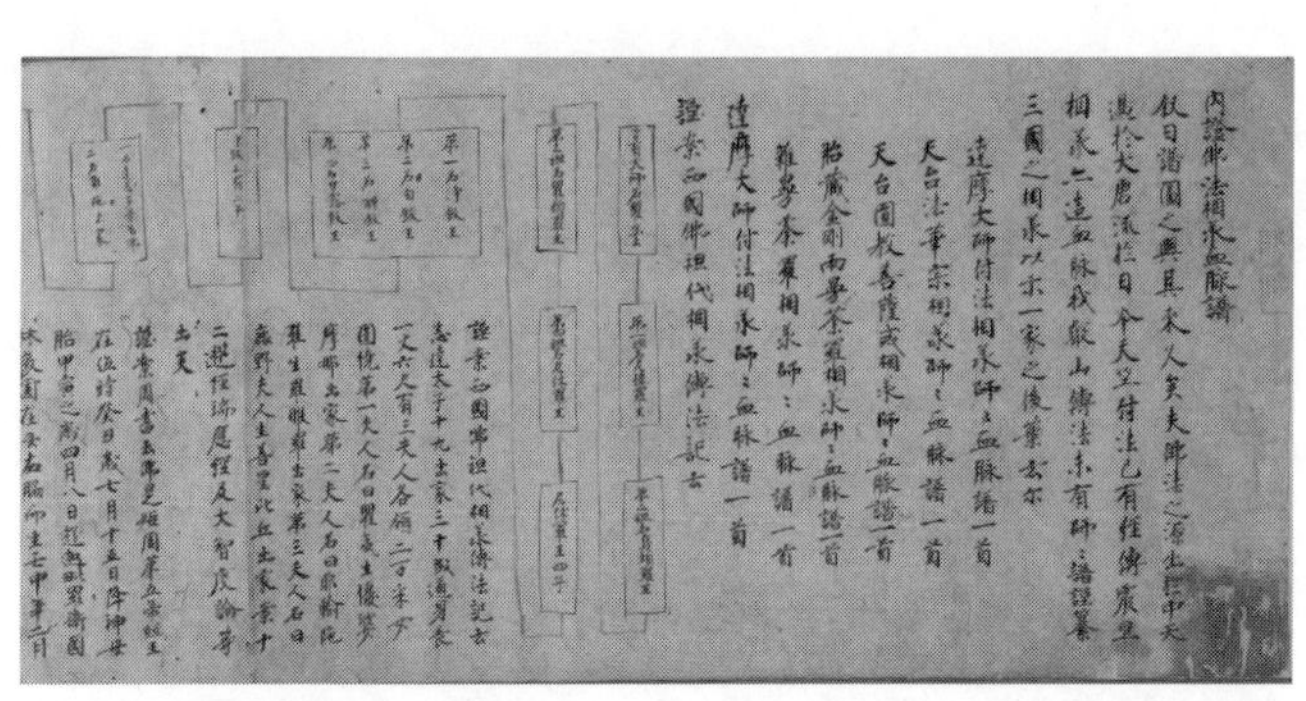
内證佛法相承血脈譜

『内証仏法相承血脈譜』　最澄が僧綱からの反論に答えて、天台宗の正統性を明らかにするためにまとめた仏法の相承を示す系譜（重文、平安時代、国立文化財機構所蔵品統合検索システム）

四月、死期が迫っていることをさとった最澄は弟子たちに遺言を与えた。それは『叡山大師伝』に引用されているが、国家を利益し衆生を済度するために比叡山を清浄に保って仏道に精進せよと命じ、仏法を興隆させて国恩に応えよと叱咤している。最後は次のようなものであった。

「我、鄭重に此の間に託生して一乗を習学し、一乗を弘通せん。若し心を同ぜん者は、道を守り、道を修し、相い思うて相い待て」

意訳するならば、「私は繰り返しこの日本に生まれ変わり、一乗を学び、一乗を弘めよう。もし心を同じくする者がいるなら、ともに道を守り、道を修め、互いに思い合い、互いに頼り合おう」となろうか。たとえ今生で大乗戒独立が成らなくても来世で実現させてみせようという思いを、ここにみることができる。

また最澄は「我、生まれてより以来、口に麁言（粗言）なく、手に笞罰せず。今、我が同法、童子を打たずんば、我が為に大恩なり。努力よ努力よ」との有名な言葉も残したという。仏道をめざす童子を大切に扱いなさいという戒めであろう。

さらに最澄は六条からなる遺誡も残し、ともに入唐求法した義真を後継者に定めた。五月十五日には「心形久しく労して、一生此に窮まれり」と述懐し、そして六月四日辰の刻（午前八時ごろ）、比叡山中道院（のちに廃絶した坊舎か）にて、釈尊と同じように右脇を下にして寂した。享年五十七。

およそ四十年後の貞観八年（八六六）、最澄に伝教大師の号が、この二年前に没した最澄の弟子で第三代天台座主の円仁には慈覚大師の号が、清和天皇の勅命によって贈られた。日本における大師号の最初である。ちなみに、空海に弘法大師号が授けられたのは、延喜二十一年（九二一）である。

没後に大乗戒独立がなり、延暦寺が誕生

弘仁十三年六月の最澄の死にあたり、右大臣藤原冬嗣・良峯安世らは、最澄の遺志

を継ぐかたちで大乗戒独立・天台僧養成新制度の許可を改めて嵯峨天皇に奏請した。すると最澄死去から七日後の六月十一日、ついにそれは勅許された。

そこには、最澄を追悼する意が込められていたのだろうか。それとも、宿願を果たせなかったことで怨霊が生じることがおそれられたのだろうか――そのあたりのことは定かではないが、ともかく、最澄寂後になってようやくのこと、比叡山における大乗戒壇設立と日本天台宗の南都仏教からの独立が公認されたのだった。大乗戒独立は、中国の天台宗にもみられないものであった。

翌弘仁十四年二月二十六日、比叡山寺を延暦寺に改称する勅が下された。日本天台宗の開宗に大きな力を貸した桓武天皇の年号である延暦をとったのである。

同年三月十七日には延暦寺で新制度にもとづく最初の年分度者の得度が行われ、四月十四日には大乗戒の受戒が行われた。義真が伝戒師を務め、光定ら十四名が受戒している。

光定の受戒を証する戒牒は嵯峨天皇によって書かれ、延暦寺に現存している。戒和尚の名として記されているのは、「釈迦如来」である。

コラム

［えんちん／八一四－八九一年］

天台密教を完成させ、園城寺を復興させる

円珍は最澄の直弟子ではないが、初期天台宗を代表する傑僧のひとりで、円仁のあとを受けて教団を発展させ、また近江（滋賀県）の園城寺（三井寺）を再興したことでも知られる。

円珍は弘仁五年（八一四）、讃岐国那珂郡金倉郷（香川県善通寺市）に生まれた。俗姓は和気氏で、空海の姪の子にあたるという。

儒教に通じ、天長五年（八二八）、十五歳で叔父にしたがって比叡山に登り、最澄の弟子でその入唐に同行した義真（初代天台座主）の門に入る。このとき最澄が没してすでに六年が経過していた。天長九年に年分度者に加えられて得度し、翌十年に延暦寺戒壇院で菩薩戒を受けた。その後、十二年籠山行に入る。籠山行中に、金色に輝く不動明王が示現したという逸話があり、その尊像を描いたものとされる画像が、有名な「黄不動」（園城寺蔵）である。

承和十二年（八四五）に籠山行を終えると、修験道の開祖役小角の跡を慕って大峰山や熊野三山を巡った。その後、延暦寺の学頭や内供奉に任じられるが、入唐求法の志を抱き、勅許を得て、仁寿元年（八五一）比叡山を降りる。まず九州に向かい、仁寿三年、唐の商船に乗り込んでようやく唐へ旅立つことができた。

　唐での滞在は六年に及び、福州、天台山、越州、長安など中国各地をめぐっておもに天台・密教を学び、灌頂や秘法を伝授され、また数々の貴重な経典・仏具を入手した。天台山国清寺に入ったときは、最澄の遺跡を巡拝し、中国天台宗開祖の智顗やその高弟荊渓の廟に詣で、天台の旧跡を訪ね、感慨にひたったという。帰途にも天台山に立ち寄り、国清寺に留学僧のために「日本国大徳僧院」を建てている。

円珍像　廃寺寸前であった園城寺を天台別院として復興させた（1900年刊『増補諸宗仏像図彙 五』の挿画より、国立国会図書館）

　天安二年（八五八）、四百四十一部千巻の仏教典籍とともに帰国した。帰国後はしばらく延暦寺山王院に住したが、その後、大友氏の依頼を受けて、園城寺の復興に取り組んだ。琵琶湖西岸にある園城寺は七世紀後半に近江の豪族大友氏が創建したと伝えられる名刹であったが、当時は荒廃していた。円珍は園城寺に天台別院として唐院を建て、唐から将来した典籍を納め、また伝法灌頂の道場とした。貞観四年（八六二）には園城寺の別当職にも任じられたと伝えられる。

貞観六年には宮中仁寿殿で清和天皇や藤原良房ら三十余人に灌頂を授け、貞観十年には、第五代天台座主に勅任され、以後没するまでの二十三年間、その地位にあった。仁和元年（八八五）に光孝天皇のために宮中で『仁王経』を講じる。寛平三年（八九一）、七十八歳で遷化し、比叡山の南峰に葬られた。延長五年（九二七）、智証大師の諡号が贈られている。

多くの弟子を養成し、登壇受戒して僧になったものは三千余人といわれ、著作も多く、九十編を越える。そして、円珍によって天台密教（台密）は完成され、空海系の真言密教（東密）に比肩するものとなった。しかし、円珍没後、比叡山では円仁派と円珍派が対立抗争を深め、十世紀末にはついに円珍派が山を降りて園城寺に移り、寺門派として独立している。

余談ながら、円珍は頭頂の骨が隆起して頭が尖って見えたそうで、円珍像にもその独特の形が表されているが、これを「霊骸」といい、優れた人物のしるしとみられたという。

比叡山延暦寺をめぐる

第3章

比叡山と延暦寺

三塔十六谷に分かれる聖地

『古事記』にも登場する霊山としての比叡山

比叡山は京都府と滋賀県にまたがる山脈で、東の主峰は大比叡（標高八四八メートル）、西の主峰は四明岳（標高八三八メートル）である。叡山、北嶺などとも呼ばれ、古くは「ヒエ（日枝、日吉）の山」と呼ばれていた。

その山上に建つのが天台宗総本山の延暦寺で、「比叡山」を山号とし、「比叡山延暦寺」を正式名称とする。ただし「延暦寺」という寺号をもつ一個の寺院があるわけではなく、比叡山内にある諸堂塔の総称が「延暦寺」である。

もっとも、現実には比叡山と延暦寺は同義語のようなもので、「延暦寺」をさして「比叡山」と呼んだりするのはごく普通のことであり、本書でもしばしばそうしてい

比叡山・横川　円仁によって開かれ、源信、親鸞、日蓮、道元などの名僧が修行に入った地としても知られる

る。

延暦寺は延暦七年（七八八）に伝教大師最澄が創建した一乗止観院をルーツとする。一乗止観院はその後、比叡山寺に発展し、最澄遷化の一年後の弘仁十四年（八二三）、嵯峨天皇の勅により延暦寺と改称された。

しかし比叡山は、最澄や延暦寺の登場によって広く知られるようになった山では決してない。比叡山は、延暦寺創建以前から霊山としての信仰を受けている。『古事記』には「日枝の山」という表記ですでにあらわれていて、この山には須佐之男命の孫にあたる大山咋神が坐しているという。比叡山東麓に鎮座する古社、日吉大社（日吉神社）はこの大山咋神を祀っている。

また、天平勝宝三年（七五一）成立の『懐風藻』に収められた「藤江守、稗叡山の先考が旧禅処の柳樹を詠むの作に和す」は、近江国守藤原仲麻呂が比叡山に登って父武智麻呂（不比等の子）が建立した禅処（禅定修行のための草庵）の跡を訪ねて詩を詠じたときのことを、同行した麻田陽春が懐古した漢詩だが、詩文には「稗叡はまことに神山」という表現もみえる。奈良時代中ごろまでには比叡山に修行を目的とする草庵がすでに存在し、比叡山が霊地として認識されていたことがわかる。

最澄が求めた自然環境の厳しさ

最澄がそんな比叡山に延暦寺を開いたいきさつについてはさまざまなことがいわれているが、よく知られた伝説としては、『叡山大師伝』に記された次のようなものがある。

最澄の父百枝は仏教に篤く帰依していたが、子に恵まれないことを憂い、男子の出生を祈願しようと山に登った。比叡山麓の日吉大社の奥まったあたりまで来ると、馥郁たる香りが漂ってきたので、そこに草庵を建て、七日間を期日として至心に懺悔した。すると四日目の早朝、夢に好相を感じ、子を授かることができた。それが最澄であったという。好相とは、仏や菩薩の示現をいうのだろう。この草庵は日吉大社の神宮寺という意味で、のちに神宮禅院と呼ばれるようになった。

また後年、出家した最澄は、懺悔の期日を補うよう父に命じられて、比叡山に登る前に神宮禅院に籠って修行懺悔した。すると香炉の中から一粒の仏舎利を感得したという。

比叡山と最澄には、最澄出生前にさかのぼる深い因縁があったというわけである。

これはもとより伝説だが、最澄が比叡山を修行の地として選んだ現実の理由を考えてみると、まず真っ先に、近江出身の最澄にとっては比叡山が一番身近な霊山であったという事実を挙げることができよう。

そしてもう一つ注目したいのは、天台宗が深山幽谷を修行の地として非常に重視したことである。最澄が景慕した天台大師智顗の主著『摩訶止観』は、止観（瞑想行）のための準備として、まず第一に「静処に閑居せよ」と説く。人跡の絶えた深山幽谷に身を置けば、誰に会うこともなく瞑想に専念することができる、修行者には深山幽谷こそが最も勝れた住処だ、というのである。智顗が入山した天台山はまさにそんな環境であった。比叡山入山前の最澄がどれだけこの智顗の教えに触れていたかどうかは不明だが、結果的には、この教えが最澄の足を静寂な比叡山に定着させることになったのではないだろうか。

比叡山の〝厳しさ〟を評する言葉に、古くから「論湿寒貧」というものがある。論は法門論議の厳しさ、湿は湿気の多さ、寒は寒冷な気候の厳しさ、貧は文字通り貧しさをさす。とくに「湿寒」は比叡山の自然環境の厳しさを言い表したものだろうが、最澄にとっては、そうした峻烈な環境は、仏道修行を極めるうえでは願ってもないものであったのだ。

そしてちょうど延暦寺の基礎が固められた時期に奇しくも平安遷都が行われ、比叡山の南西麓に新たな都が造営された。このことは、延暦寺が国家や朝廷と深いかかわりをもちながら日本仏教の中心として発展することに大いに寄与することになった。

東塔・西塔・横川の三塔に分けられる比叡山

ひと口に延暦寺といってもその境内は広大だが、比叡山上の寺域については、大き

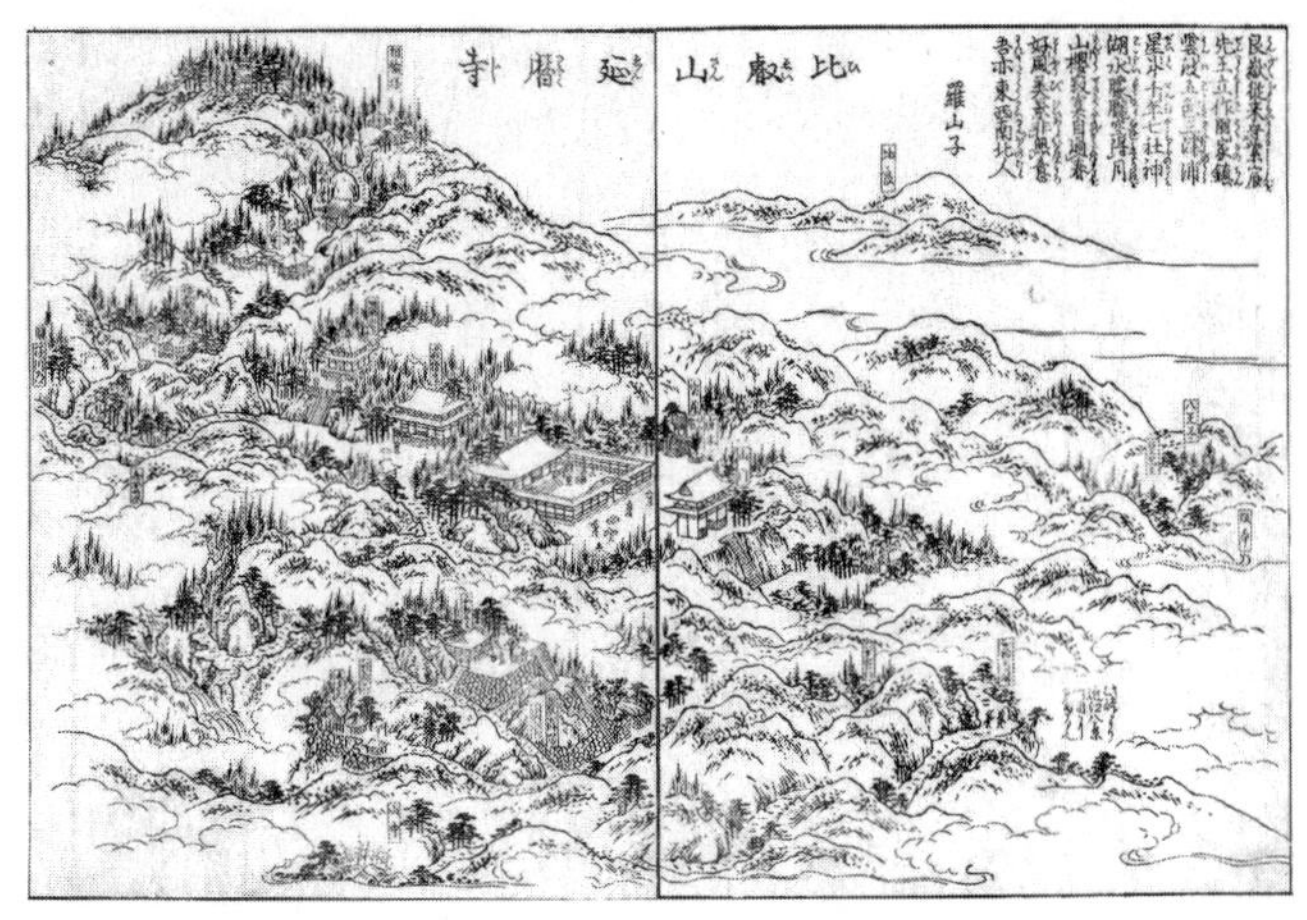

名所図会に描かれた比叡山 「延暦寺」は現在、比叡山にある1700ヘクタールの境内地に点在する約100ほどの堂宇の総称であり、山内は東塔、西塔、横川の３つの地域に分けられる（『都名所図会』、国際日本文化研究センター）

くは、東塔・西塔・北塔（横川）という三つのエリアに区分けされていて、これを「三塔」と呼ぶ。

なぜ「塔」と呼ぶのか。それは最澄の「六所宝塔」計画と関係がある。

第2章でも触れたが、最澄は日本の東西南北と中央に『法華経』千部を安置する宝塔を建てることを発願し、比叡山延暦寺には、中央を安鎮するものとして山城宝塔院を、さらにすべてを統括して安鎮するものとして近江宝塔院を建立しようと考えた（113ページ参照）。

山城宝塔院・近江宝塔院は最澄の生前に完成することはなかったが、

このうちの山城宝塔院が西塔（院）とも呼ばれ、広義には西塔院（法華宝幢院）を中心とした伽藍・僧房をさすようになり、近江宝塔院は東塔（院）とも呼ばれ、こちらも広義には東塔院（法華総持院）を中心とした伽藍・僧房をさすようになったのである。最澄が創建した一乗止観院（延暦寺の総本堂である根本中堂の前身にあたる）はこの東塔に属している。

さらに、最澄の弟子で第三代天台座主にもなった円仁によって、天長十年（八三三）、比叡連峰北方の横川と呼ばれる地区に根本如法塔（写経塔）が建てられ、やがてここにも伽藍や僧房が建ち並ぶようになった。そこでこのエリアは北塔と呼ばれるようになり、またたんに横川とも呼ばれるようになった。ちなみに「天台座主」とは延暦寺住職のことで、初代は最澄の入唐求法に従った義真である。

延暦寺の歴史的な発展経過を略述すると、まず最初に一乗止観院が建てられ、やがてここが東塔に発展し、次に西塔が開発され、追って横川ができた、という流れになる。

九院・十六院と三塔十六谷

最澄は宝塔計画とは別に、比叡山寺（延暦寺）に「九院」または「十六院」の仏閣を造立することも発願していた。このうちの十六院は、弘仁九年（八一八）の『叡岳要記』などによれば、次のような構成になっていた。

根本大乗止観院　法華三昧院　一行三昧院　般舟三昧院　覚意三昧院　東塔院
菩薩戒壇院　法華総持院　法華浄土院　護国院　根本法華院　禅林院　脱俗院　向
真院　西塔院　宝幢院

このうち、冒頭の根本大乗止観院とは一乗止観院のことである。東塔院は近江宝塔院のことで、のちに法華総持院と合わさり、山城宝塔院にあたる西塔院は宝幢院と合わさった。根本大乗止観院から法華浄土院までが東塔に属し、護国院から向真院までの五院は計画のみで建設されず、残りの西塔院と宝幢院は西塔に属す。この時点ではまだ北塔（横川）の構想は存在しなかった。

九院は、止観院・定心院・総持院・四王院・戒壇院・八部院・山王院・西塔院・浄土院からなるが（「九院事」）、このなかには十六院と重複するものも含まれていたようだ。

最澄はこれらの諸院を造立することで、延暦寺を南都の大寺から独立した天台宗の修学と修行のための一大センターとし、理想的な大乗寺院をつくろうと構想したのだろう。前述したように、これらの諸院には実現に至らなかったものや他の院に吸収されたものもあったが、最澄発願の九院・十六院は、延暦寺伽藍の基本的な骨格となった。

そして最終的には、延暦寺の堂塔伽藍は「三塔十六谷」に整理されるようになる。三塔十六谷とは、東塔の北谷・南谷・西谷・東谷・無動寺谷、西塔の北谷・南谷・北尾谷・南尾谷・東谷、北塔（横川）の般若谷・香芳谷・兜率谷・戒心谷・解脱谷・飯室谷の総称である。各谷にはそれぞれ中心となる堂があり、それをとりまくように坊舎が建ち並んだ。十六谷の分類は一義的にはもちろん地域や地形の違いにもとづくわけだが、教学・教派の違いや対立もはらんでいて、それぞれは複雑な発展をとげることになった。

そして円仁・円珍といった天台宗の名僧はもちろんのこと、臨済宗の栄西、曹洞宗の道元、浄土宗の法然、浄土真宗の親鸞、日蓮宗の日蓮など、鎌倉新仏教の名だたる祖師たちはみな一度は比叡山に登り延暦寺で仏教を学んでいる。比叡山が「日本仏教の母山」と称される所以である。

織田信長の焼討ちで灰燼に帰した延暦寺

平安時代初期の創建以来、延暦寺はこのようにして発展を続け、僧兵や広大な寺領も擁し、その僧坊の多さから「三千坊」の異名をとった。ただし、文献で確認できるかぎりでは、延暦寺の諸堂・霊跡の総数は六百七十件であるという（渡邊守順ほか『比叡山』）。

しかし、たびたび大火にあって多くの伽藍を失っている。たとえば、承平五年（九三五）には火災で山上の諸堂が全焼している。永享七年（一四三五）には、室町幕府と延暦寺僧兵（衆徒）が対立した末、僧兵が山上に火を放って自焼するという惨事が生じ、根本中堂・法華総持院が焼失している。

延暦寺が被った最大の法難は、元亀二年（一五七一）の織田信長による比叡山焼討ちだろう。

『信長公記』によると、信長は、対戦していた朝倉義景（越前）・浅井長政（近江）

の連合軍に延暦寺が味方したことに憤り、同年九月十二日、軍勢を比叡山に送り込み、根本中堂・日吉大社をはじめ、山内の建物をことごとく焼き払った。また、比叡山東麓の坂本にいた人びとは大慌てで日吉社の八王子山へ逃げ登り、社殿に逃げ込んだが、軍勢は鬨の声をあげて攻め上り、僧俗を問わず、首を斬った。高僧や女性、童子であっても信長は容赦せず、数千の屍が散乱したという。

『信長公記』の記述には誇張もあるといわれているが、信長が比叡山焼討ちを断行したのは事実であり、現に比叡山の山上（東塔・西塔・横川）には、この焼討ち以前にさかのぼる建物は、ほぼ存在しない。現代の人間が延暦寺を参詣する際には、このことに留意する必要がある。

信長の没後、豊臣秀吉・徳川家康の援助と、家康の宗教ブレーンとして活躍した天台僧天海の手腕によって、延暦寺は徐々に復興をはたしていった。根本中堂・戒壇院・釈迦堂などの主要堂舎は、寛永年間（一六二四〜四四年）もしくはそれ以後の再建である。

そして現在では、ケーブルカーやロープウェイ、ドライブウェイを利用して、誰もが気軽に参詣できるようになっている。

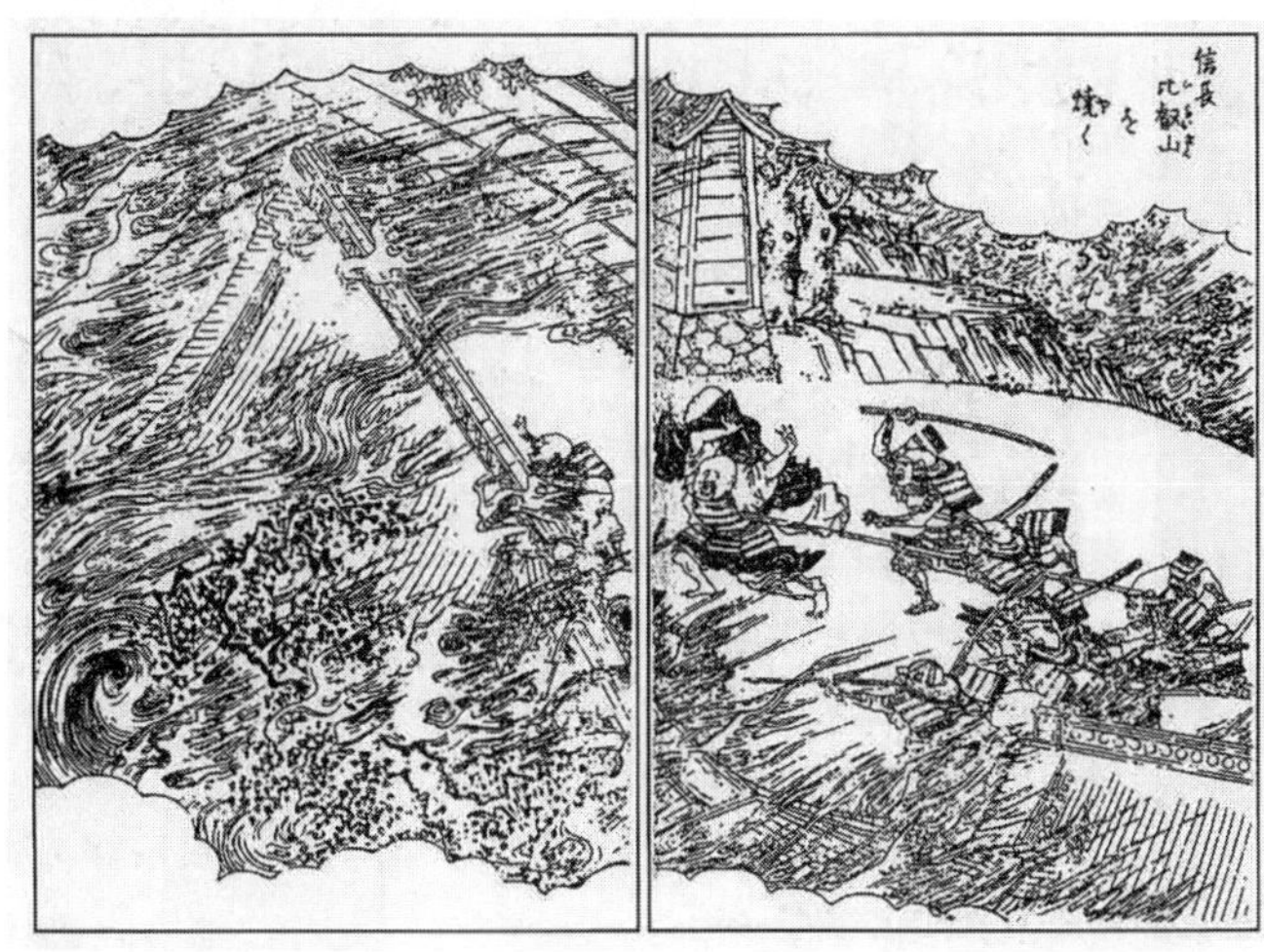

比叡山焼討ち　比叡山の山徒は時の権力者と対立することも少なくなかった（『絵本太閤記』2編巻6、国立国会図書館）

最後に一言付け加えておきたい。延暦寺、比叡山というと、過去の歴史や堂塔伽藍・仏像などのハード面ばかりに目が向かいがちだが、現在もこの地が天台法門の修学修行の道場として機能していることを忘れてはならない。四種三昧、十二年籠山行、回峰行といった天台の厳しい修行は現代においても実践されており、山内寺院の住職になるには三年の籠山行が必要であるという。延暦寺では、宗祖最澄の遺志を継いで菩薩僧育成への取り組みが今も続けられ、法灯が守られているのである。

東塔のおもな堂塔

延暦寺の総本堂が建つ

根本中堂――延暦寺の総本堂

東塔の中心部に建つのが根本中堂である。比叡山延暦寺の総本堂にあたり、最澄が比叡山に建立した最初の堂宇である一乗止観院を原形とする。

延暦四年（七八五）七月、ひとり飄然と比叡山に入った二十歳の最澄は草庵を結んで修行に邁進した。伝承によると、延暦七年、最澄は東塔北谷の虚空蔵尾の倒木を伐ってみずから薬師如来像を彫り、これを草庵をあらためて建てた堂舎に安置し、利生を祈ったという（『山門堂舎記』）。この堂舎が一乗止観院で、「一乗」は天台法門が重んじる法華一乗の教えを、「止観」は禅定行（瞑想）を意味する。

鎌倉時代の『新古今和歌集』に、一乗止観院を建てるときに最澄が詠んだと伝えられる和歌が収められている。

阿耨多羅三藐三菩提（あのくたらさまくさぼじ）の仏たち　わが立つ杣（そま）に冥加（みょうが）あらせたまへ

根本中堂　堂内の薬師如来像前では1200年以上の歴史をもつ「不滅の法灯」が灯り続けている。2016年から10年間の予定で大規模な改修工事が行われている

「阿耨多羅三藐三菩提」とは「無上の真実なる完全な悟り」の意のサンスクリット語の音写、「杣」は木材を採る山のことだが、ここでは比叡山をさす。「冥加」は神仏の加護のことである。和歌全体としては、「尊い仏さまよ、どうか私がいる比叡山を加護してください」というニュアンスだろうか。止観院建立とは直接は関係なく詠まれたものだとする見方もあるが、比叡山に対する最澄の想いが伝わってくる歌だ。

一乗止観院は当初は小堂であったが、のち

にその左右に小堂二宇が建てられ、左の堂には文殊菩薩が置かれ、右の堂には経典が置かれて書斎となった。この三堂は、元慶六年（八八二）〜仁和三年（八八七）に、円珍（第五代天台座主）の手によって九間四面の大堂に建て替えられ、大堂の中には左から順に、文殊堂二間、薬師堂（中堂）五間、経蔵二間が並び、いつしか根本中堂と呼ばれるようになった。

承平五年（九三五）には大火災に見舞われて焼失してしまうが、天慶元年（九三八）に再建。さらにその後、良源（第十八代天台座主）によって規模を一まわり大きくして大改造が施され、天元三年（九八〇）に完成した。このとき、経蔵は虚空蔵尾に移築され、その跡には宗祖最澄の彫像が置かれて大師堂と呼ばれた。

その後も罹災と再建を繰り返すが、元亀二年（一五七一）の信長の焼討ちで灰燼に帰す。まもなく再建されたが、しばらくは規模の小さい仮堂のような時代が続く。本格的な復興は天海の働きかけによるもので、江戸時代の寛永十九年（一六四二）に完成した。これが現在の根本中堂で、その規模や形態は良源時代のものを模しているという。桁行十一間、梁間六間の入母屋造りで銅板葺き、国宝である。

一方、根本中堂に安置された最澄自刻と伝えられる薬師如来像だが、高さは五尺五寸で、最澄の没後、その遺言にしたがって弟子の義真（初代天台座主）は仏身を金色にし、衣文には彩色を施したという（『叡岳要記』）。この像は根本中堂のみならず延暦寺全体の本尊として崇められることになった。その宝前には最澄が献じたと伝えられる灯明が置かれ、濁世を照らす天台法門の象徴として絶えることなく輝き続けた。これが「不滅の法灯」である。「明らけく後の仏の御世までも　光りつたへよ法のともしび」という『新拾遺和歌集』所収の歌は、最澄が「不滅の法灯」を詠んだものと伝えられる。

ところが、この薬師仏は永享七年（一四三五）の大火で焼失してしまったらしい（『続史愚抄』永享七年二月五日条による。ただし元亀二年の信長の焼討ちで焼失したとする説もある）。

その後については不詳な点もあるが、元亀の信長による焼討ちをへて延暦寺が再興された際、美濃の横蔵寺（岐阜県揖斐郡揖斐川町谷汲神原）の本尊だった薬師如来像が根本中堂に迎えられて新たに本尊となった。この薬師如来像もまた最澄自刻と伝えられていたからだろう。また、焼討ちで「不滅の法灯」もいったん途絶えてしまったが、かつて延暦寺から分灯されていた立石寺（山形市山寺）の灯明が移されて再び法灯がともり、今に至っている。

堂内は内陣・中陣・外陣に分かれている。内陣の床は石敷きの土間で、中陣や外陣よりも三メートルほど低くなっており、そのために昼でも暗いが、そのことがかえって神秘感を醸している。内陣には三基の厨子（ずし）（宮殿（くうでん））が置かれ、その中央に薬師如来像（薬師瑠璃光（るりこう）如来立像（りゅうぞう））が安置されているわけだが、秘仏のため扉は閉じられ、お前立（まえだち）を拝することになる。格子戸があって見えにくいが、厨子の前には「不滅の法灯」がともる灯籠が三つ置かれている。

中陣中央は天皇の御座所で、一般参詣者は中陣の左右もしくは外陣から拝する。内陣の床が低いので、中陣の参拝者と内陣中央の本尊像の目の高さがほぼ同じになるが、このことは仏と人が平等で、誰もが仏性をもっていることを表現しているのだという。

本尊と祖師壇のあいだにある護摩（ごま）壇では薬師護摩が日々欠かさず焚かれ、世界の平和と人類の平安とが祈り続けられている。なお、根本中堂は平成二十八年（二〇一六）から十年間の予定で大改修工事が行われているが、堂内の拝観は可能である。

文殊楼（もんじゅろう）——延暦寺の総門

円仁（第三代天台座主）が入唐求法の折に、文殊信仰の聖地、中国五台山で感得した文殊菩薩を本尊として貞観三年（八六一）に建立されたもの。創建時には五台山から将来した霊石を壇の五方に埋めたと伝えられる。比叡山の総門としての役割をもつ楼門で、由来にもとづき、楼上に文殊菩薩が安置されている。ケーブルカーやドライブウェイができる以前は、坂本から本坂を登ってくるとまず文殊楼に至り、この門をくぐって根本中堂を参拝するのが通例だった。信長による焼討ち後、いったん再建されたが、寛文八年（一六六八）に焼失。現在の建物はその後の再建物である（重要文化財）。

大講堂――学問修行の道場

天長元年（八二四）に、義真が学問修行の道場として建立したもの。戒壇院の東にあり、最澄の伽藍構想にはなかったが、当初は戒壇院の付属建物として創建された。焼失と再建を繰り返したうえ、元亀の法難後、寛永十九年（一六四二）に再建されたが、昭和三十一年（一九五六）に放火により焼失。昭和三十九年、山麓の坂本にあった讃仏堂（日吉東照宮の旧本地堂）を移築して大講堂とした。入母屋造り・銅板葺きで、寛永十年（一六三三）の墨書がある（重要文化財）。本尊は大日如来で、堂内には智顗・最澄はもちろん、栄西・道元・日蓮・法然・親鸞など比叡山で修学修行した仏教各宗の祖師像が安置されている。

大講堂　現在も法華大会広学竪義（ほっけだいえこうがくりゅうぎ）や天台会、法華十講などの法要が営まれる

法華大会などの重要な法会が行われる堂舎でもある。法華大会は五年に一度行われる天台宗随一の大法要で、毎年行われる六月会（六月四日の最澄忌のために行う法華十講）と霜月会（十一月二十四日の天台大師智顗忌のために行う法華十講。最澄始修）を同時に修し、加えて広学竪義（天台教学についての論議）を行うものだ（たいてい十月に行われ、次回は令和五年の予定）。古儀に則っておよそ七日間続き、勅使を迎える。良源が教学振興のためにはじめたといわれ、当初は毎年行われていたが、天海によって五年に一度となった。

また、大講堂の北側にある前唐院は、仁和四年

（八八八）に円仁を顕彰するために円珍が創建したもの。もとは円仁の平生の禅房だったと伝えられ、円仁の御影堂（みえいどう）的な性格ももつ。

戒壇院（かいだんいん）——最澄が念願した大乗戒の戒壇

大講堂の西にある。大乗戒の受戒が行われる道場で、大乗戒壇院、一乗戒壇院とも呼ばれる。大乗戒独立と菩薩僧育成をめざした最澄が発願したもので、天長四年（八二七）に創建された。釈迦如来を本尊とする。焼失と再建が繰り返され、現在の建物は延宝（えんぽう）六年（一六七八）の再建（重要文化財）。昭和六十二年（一九八七）には開創一千年を記念して本尊像が新造された。信長の焼討ち以前は、戒壇堂を中心に看衣堂・昇廊・回廊・中門・鐘台などの付属施設を有していた。

毎年十月二十六日・二十七日には、ここで円頓授戒会（えんどんじゅかいえ）が行われる。院内に安置された授戒三聖の釈迦如来・文殊菩薩・弥勒（みろく）菩薩を戒師として、天台座主を介して、受戒者に大乗戒（円頓戒）が授けられる。

法華総持院——天台密教の根本道場

東塔西谷にあり、最澄が構想した九院・十六院の「(法華)総持院」にあたる。「総持」は「惣持」とも書かれ、本来は密教の呪句である陀羅尼をさす。したがって、最澄は密教道場として総持院を構想したと考えられるが、彼の生前に建立されることはなかった。

最澄の遺志を継ぐかたちで貞観四年(八六二)にこれを創建したのが、円仁である。完成までに十年を要したといい、しかもこの法華総持院は、最澄が構想したもう一つの建物、近江宝塔院をも吸収するようなかっこうで含んでいた。

近江宝塔院は最澄が計画した六所宝塔の一つである。最澄は全国五カ所に『法華経』千部を安置する宝塔を建立することを構想し、さらにその総元締めとして比叡山に宝塔を擁する近江宝塔院を建立しようとした。この近江宝塔院の別名が東塔院もしくは東塔で、これがのちに比叡山を三塔に区分するきっかけになったことは、すでに記したとおりだ。しかし、近江宝塔院もまた最澄生前に本格的に建立されることはなく、晩年の弘仁十二年(八二一)にようやく塔の心柱が建てられただけだったという

（『叡岳要記』）。円仁はこの宝塔建立の仕事も師から引き継いだのだ。

話を円仁の法華総持院に戻すと、これは円仁が入唐中に長安で見聞した青龍寺の鎮国道場を模したものといわれ、天台密教の根本道場として建立された。平安末期までその成立をさかのぼりうるという『比叡山東塔絵図』によれば、回廊に囲まれた多宝塔を中心とし、その左右に灌頂堂と真言堂が並び、その周囲に阿闍梨房や僧房などの建物もあるという大伽藍であったことがわかる。灌頂堂と真言堂には曼荼羅が掛けられ、密教修法が行われたのだろう。多宝塔は六所宝塔の中心である東塔に相当する。上層・下層ともに方形の平面をもつが、これは天台宗系の多宝塔に特徴的な様式である。

法華総持院も焼失と再建を繰り返し、永享七年（一四三五）には放火によって根本中堂とと

阿弥陀堂　東塔地区で最も高い場所に建つ

もに灰燼に帰してしまった。その後の記録にはあらわれないので、復興はされなかったのだろう。

だが、それから五百年以上がたった昭和五十二年（一九七七）、最澄出家得度千二百年にあわせて再建が計画され、昭和六十一年までに東塔・灌頂堂・回廊・楼門などが完成し、翌六十二年に総落慶法要が営まれた。またこの再建法華総持院は、昭和十二年創建の念仏回向道場である阿弥陀堂などをも含めた堂塔伽藍の総称ともなった。

東塔の本尊は大日如来を中心とする五智如来で、上層には仏舎利と『法華経』が安置されている。灌頂堂では天台密教各流派の灌頂会などが修される。

明王堂――回峰行の根本道場

ケーブル延暦寺駅から南へ一キロほど降りたところが無動寺谷で、「叡南」「南山」とも称される。ここは最澄の孫弟子相応（八三一～九一八年）が開いた千日回峰行の拠点で、その根本道場が明王堂であり、無動寺明王堂、明王院、不動堂などとも呼ばれる。

相応は十二年籠山行ののち、この無動寺谷に草庵を結んで修行を続け、さらに比良山の葛川に参籠して不動明王を感得。貞観七年（八六五）、無動寺谷に仏堂を建立し、不動明王像を安置したという。これが無動寺明王堂のはじまりである。信長による焼討ち後、寛永十二年（一六三五）に本格的に再建されたが、天保十四年（一八四三）、火災で焼失。現在の建物はそれ以後の再建である。

千日回峰行とは相応が創始した礼拝行である。現行の形態は室町時代以降に整えられたものがもとになっているが、約七年かけて千日間修するという大荒行であり、次のようなプロセスをたどる。

一〜三年目：毎年百日ずつ東塔・西塔・横川の主要伽藍を結ぶ行者道を巡拝し、山麓の日吉大社や里坊などを踏破して、諸仏・諸菩薩から霊石・霊木にいたるまでを礼拝する。その距離は一日七里半（約三十キロ）。百日のうちの七十五日目は京都の神社仏閣を巡拝する「切廻り」を行う

四〜五年目：三年目までと同じ修行を二百日ずつ行う

六年目：七里半の巡拝に京都赤山禅院までの行程も加わり、毎日十五里を巡拝（赤山苦行）。これを百日

七年目：さらに洛中・洛外の社寺の巡拝（大廻り）が加わり、毎日二十一里を巡拝。これを百日。最後は七里半の巡拝を七十五日を行って満行となる

回峰行最大の難関は七百日を終えたあとの「堂入り」で、行者は九日間、明王堂にこもり、断食・断水・不眠・不臥で不動真言を唱え続ける。本尊不動明王との一体化をはかるのだ。また相応は若いころに『法華経』「常不軽菩薩品」を読んで大いに菩提心を起こしたという。常不軽菩薩とは、あらゆる仏教徒に対して出会うたびに礼拝し、たとえ罵られようと迫害されようと礼拝し続けた菩薩だが、相応の回峰行にはそんな常不軽菩薩の精神も反映されている。

千日回峰行を達成した行者は「大行満大阿闍梨」の位を授かる。延暦寺の記録によれば、元亀年間（一五七〇～一五七三年）以降の大行満大阿闍梨は平成二十九年（二〇一七）満行の釜堀浩元師までで五十一人を数える。昭和六十二年（一九八七）には酒井雄哉師が二度目の千日回峰行を達成し、二千日を満行している。

山王院――智証大師円珍の住房

東塔から西塔へ向かう途中にある（東塔西谷）。九院の一つで、最澄が延暦年間（七八二～八〇六年）に創建したと伝わる。千手堂、後唐院とも呼ばれる。本尊の千手観音像（平安時代／重文）は像高わずか五一・二センチだが、比叡山で最古の仏像彫刻とされ、千手堂の名もこれに由来する（現在は国宝殿に安置）。

山王院という号は境内に鎮守の山王権現が祀られたためだが、円珍が天台座主就任中（八六八～八九一年）の住房であり、かつては円珍が中国から将来した経典などを蔵した山王蔵があった。比叡山が山王権現を鎮守としたのは、天台宗の本山である中国の天台山国清寺が地主神「山王元弼真君」を護法神として祀っていたことに由来するといわれ、山麓坂本の日吉大社は神仏習合時代には山王権現とも呼ばれて信仰を集めた。

円珍寂後、遺誡によりその遺骨を納めた二体の真像が作られ、一体は近江の園城寺（三井寺）の唐院に、もう一体はここ山王院に安置され、円珍の廟所としての役割もそなえることになった。円珍は円仁に次いで入唐したので、円仁の前唐院に対して後唐院とも称されることになった。現在の建物は信長による焼討ち後の再建。

浄土院――山内で最も神聖な最澄の廟所

山王院から西塔方面へ石段の坂を下ってゆくと、眼下に浄土院の屋根が見えはじめる。一般参詣者は境内の奥までは入れないが、阿弥陀堂の奥に宝形造りの小さな堂があり、そこが最澄の廟所である。円仁によって仁寿四年（八五四）に創建されたものだが、「最澄自刻の阿弥陀如来像が安置されていたので浄土院と名づけられた」という伝えもある。比叡山で最も清浄・荘厳な聖地であり、真っ白な砂がきれいな紋様をつけて敷かれ、地面には落ち葉一つなく、その掃除の徹底ぶりは「掃除地獄」と評される。

浄土院では「侍真」と呼ばれる僧侶が、十二年間、山から降りずに籠山行を行って宗祖最澄の霊前に仕える。侍真とは、『法華経』を広めるために比叡山に何度でも生まれ変わろう」と遺言した最澄の真影に生ける人に対するがごとく侍る（仕える）行者のことで、十二年間、一日も欠かすことなくひとりで勤行や修学・掃除・献膳を行って、決して山を降りることがない。

この厳しい十二年籠山行は、最澄が天台僧育成のために定めた『山家学生式』に

浄土院　左右には菩提樹と沙羅双樹が植栽されている

説かれていることに淵源があるが、現行の制度は江戸時代中期に整えられたものだ。ちなみに、なぜ「十二年」なのかというと、最澄自身は『蘇悉地羯羅経』に従ったもので、十二年修行を続ければ、愚鈍な者でも霊験を得ることができるからだ」と答えている（『顕戒論』下）。

そもそも侍真になるまでが難関で、「好相行」を必ず修さなければならない。「好相」とは現実に仏・菩薩の姿を観ることで、侍真を志した行者は、好相を感得するまで日々、五体投地礼を繰り返す。真に好相を感得したかどうかの判定には、先任の侍真の承認を要する。好相行の修了には平均三カ月はかかるという。

令和三年（二〇二一）四月一日、歴代百十七人目の侍真である渡部光臣師が十二年籠山行を満行した。歴代侍真のうち満行したのはおよそ八十人で、少なくとも二十五人は途中で病死しているという。

西塔のおもな堂塔

最澄没後に整備が進んだ伽藍

釈迦堂――延暦寺最古の建物

西塔の中心となる堂塔は二つある。一つは山城宝塔院の後身に相当する相輪樘、もう一つは釈迦堂である。

釈迦堂は西塔中堂、転法輪堂ともいい、西塔の本堂にあたる。最澄の九院・十六院の構想にはないが、円澄（第二代天台座主）が承和元年（八三四）に創建したと伝わる。当初の本尊は最澄本願の半金色釈迦如来で、東塔北谷虚空蔵尾の霊木から最澄が自刻した釈迦・阿弥陀・薬師の三体のうちの一つであったという。

信長の焼討ちで焼失したが、仮堂をへて、文禄四年（一五九五）、豊臣秀吉の命で園城寺（三井寺）の弥勒堂（金堂）が移築されて新たに釈迦堂となった。入母屋造

釈迦堂　東塔から北西へ１キロほどの西塔地区の中心に建つ

り・銅板葺き、鎌倉時代様式の建物だが、貞和三年（一三四七）ごろに建てられたものだという。現存する延暦寺の建物では最古のものである（重要文化財）。根本中堂と同じく、内陣は石敷きの土間で、中陣・外陣より一段低い。

本尊は焼討ち前に高島郡水尾邑（滋賀県高島市南東部）に移し隠されていて幸い無事だったというが、現存する本尊は清涼寺式釈迦如来立像で、鎌倉時代のものである（秘仏）。

相輪樘——西塔の本来の中心

釈迦堂奥の丘陵上に建つ。最澄発願の六所宝塔の一つで西塔の本来の中心となるはずだった山城宝塔院（西塔院）は、最澄生前には構想のみで実際には建てられなかったらしい。最澄没後に建立がはじまったが、なかなか進まず、完成したのは延長元年（九二三）だという。もちろん、そこには『法華経』千部を納めた宝塔が建っていたことだろう。しかし残念ながら中世には廃絶してしまう。

これとは別に、弘仁十一年（八二〇）、最澄自らが書写した『法華経』『大日経』などの経典を納めるために相輪樘が西塔地区に創建された。したがって相輪樘は、『法華経』千部を納める六所宝塔とは趣旨の異なる仏塔であったと考えられるが、山城宝塔院の衰退もあってか、いつのころからか、こちらが西塔（山城宝塔）に相当するものとみられるようになったらしい。

九層に分かれ、正しくは「浄菩提無垢浄光摩尼幢相輪樘」という。三重塔・五重塔などの最上部にある相輪（九輪）を独立させて地上に立てたもので、上部が相輪、下部が柱（樘）で、写経は樘の中にある。創建以来、改鋳・改修を繰り返したようだが、現存のものは明治二十八年（一八九五）ごろの改鋳。高さは一一・六五メートルあり、青銅製で、重要文化財。

嘉祥年間（八四八〜八五一）には、円澄から西塔を託された恵亮によって、相輪樘のかたわらに惟仁親王（清和天皇）の御願寺として法幢院が創建された。この場合の「宝幢」とは、相輪橖とほぼ同義であろう。しかし中世までには廃絶してしまったという。

法華堂・常行堂――四種三昧行の道場

法華堂も常行堂も形は同じで、廊下でつながって並び建っている。弁慶がこの廊下に肩を入れて担ったという伝説から、あわせて「弁慶のにない堂」と俗称される。

法華堂は天長二年（八二五）の創建で普賢菩薩を本尊とし、常行堂は寛平五年（八九三）の創建で阿弥陀如来を本尊とする。信長による焼討ち後、文禄四年（一五九五）に釈迦堂とともに再建されたという（重要文化財）。法華堂は後述する四種三昧行のうちの法華三昧の修行道場、常行堂は同じく常行三昧の修行道場で、修行僧たちの苦修練行の場であり、内部は非公開である。

法華堂・常行堂はかつては東塔や横川にも存在したが、現在は西塔にしか残っていない。なぜ法華堂・常行堂が比叡山にいくつも建てられたのかというと、これは最澄が四種三昧行を延暦寺修行の基本として重んじたことと関係する。

四種三昧行とは三昧（精神統一、サマディ）に至る四種の修行法をさす。天台大師智顗が『摩訶止観』のなかで説いたもので、最澄が著した天台僧の修行規定である『山家学生式』の「八条式」では、十二年籠山制度の止観業のなかの修行として定められている。具体的には、次の四つの行からなる。

常坐（じょうざ）三昧：一行（いちぎょう）三昧ともいう。九十日を一期として一仏の方に向かって、食事と用便と経行（きょうぎょう）（静かに読経しながら歩くこと）以外、ひたすら結跏（けっか）正坐（坐禅）を続ける

常行三昧：阿弥陀仏を本尊として九十日間その周囲をめぐり続け、口には常に阿弥陀仏の名を唱え、心にはつねに阿弥陀仏を念じる

半行半坐三昧：『摩訶止観』では半行半坐三昧を方等（ほうどう）三昧と法華三昧に分けるが、延暦寺ではおもに法華三昧が修されてきた。法華三昧は二十一日間を一期とし、道場の厳浄（ごんじょう）・浄身・供養・礼拝・懺悔（さんげ）・『法華経』読誦（どくじゅ）・坐禅などをひたすら繰り返す

非行非坐三昧：行住坐臥のいずれをも問わず修する行。つまり、日常のあらゆる起居・動作において修される行

にない堂　弁慶の逸話で有名な２つの堂は渡り廊下でつながれ、法華と念仏が一体であることを表しているとされる

これらの行を正しく修すれば「三昧」、すなわち悟りの境地に達するという。

最澄は四種三昧行それぞれを行じるための建物として常坐三昧院、常行三昧院、半行半坐三昧院、非行非坐三昧院の四つの道場を比叡山に建てることを構想したが、彼の生前につくられたのは東塔の半行半坐三昧院（法華三昧院）だけだった。これは現存しない。その後、東塔には円仁によって常坐三昧院が創建されたが、文殊菩薩が安置されたので文殊楼院と呼ばれた。じつはこれが延暦寺総門の役割ももつ文殊楼のもう一つのルーツである。そして、各塔それぞれに常行三昧院（常行堂）や半行半坐三昧院＝法華三昧院（法華堂）が建てられていったのだが、現在まで残っているのは西塔の常行堂と法華堂のみというわけである。

四種三昧行は現在でも西塔の法華堂と常行堂を道場として修されている。参詣するときは静寂を心掛けたい。

瑠璃堂（るりどう）――焼討ちをまぬかれた唯一の建物

西塔北谷の本堂で、釈迦堂から西方向へやや下ったところにある。禅宗様の小堂で（入母屋造り、檜皮葺き（ひわだぶき））、薬師瑠璃光如来（＝薬師如来）の像を安置するのでこの名がある。ここにはかつて古仙の霊窟があり、そこに最澄が自刻の薬師如来像を安置したのがはじまりだという（『山門堂舎由緒記』）。のちに村上天皇（在位九四六～九六七年）の勅により陽生（ようしょう）（第二十一代天台座主）が新たに堂宇を造営し、さらに薬師如来、日光（にっこう）・月光（がっこう）菩薩、十二神将（じゅうにじんしょう）の像を安置したと伝えられる。創建年は不詳だが、室町時代の建築と考えられており、信長の焼討ちをまぬかれた唯一の建造物とされている。重要文化財。

黒谷の青龍寺――遁世者が住んだ別所

釈迦堂から横川に向かう峰道の途中から二十分ほど下ったところにある。黒谷という呼び名は大黒天出現の地という伝承にもとづくもので、西塔五谷に入らないので別所黒谷ともいう。その黒谷に建つ青龍寺は良源（九一二～九八五年）が開いたと伝えられるが、谷が深いため、世俗を厭う遁世者の住処となった。

法然がここで四十三歳まで修行したのち山を降り、やがて浄土宗を開いたことはよく知られている。法然の師匠であった叡空、天台真盛宗を開いた真盛もここで修行している。本堂には阿弥陀如来像・法然上人像などが安置されている。今なお世俗との隔絶感のただよう閑寂の地である。

横川のおもな堂塔

円仁が開いた静閑の地

横川中堂――円仁創建の大堂

西塔から北方向に峰道を一時間ほど歩くと、円仁が開いた横川（北塔）に入る。その横川の中心堂宇が横川中堂である。

『慈覚大師伝』などによると、十五歳で最澄の弟子になった円仁は、二十年あまりの籠山ののち上野・下野へ布教に出かけ、ふたたび比叡山に戻った。しかし四十歳ごろ、体調を崩し視力も衰えたため、余命いくばくもないと思って、山上北方すなわち横川の静閑の地に草庵を結んだ。円仁は延暦十三年（七九四）生まれなので、それは天長十年（八三三）ごろのこととなる。その後三年にわたって四種三昧行などを行じる修行生活を送り、ある夜、霊夢に不死の妙薬を得ると、ふたたび健康を回復した。

この草庵が首楞厳院（しゅりょうごんいん）のルーツであるという。首楞厳院とは横川中堂の別名で、また横川の総称にも用いられた。「首楞厳」には「頑固な三昧」というような意味がある。

横川中堂　西塔から北へ４キロほどの横川地区の中心に建つ

健康を回復した円仁は『法華経』の書写をはじめ、八巻六万八千余字の書写を完了すると、それを安置する小塔を建てた。これが如法塔（にょほうとう）（如法堂）のはじまりである。

円仁は承和五年（八三八）から承和十四年まで唐に渡って求法するが、帰朝後は再び横川に入り、嘉祥（かしょう）元年（八四八）には一堂を建立。その後、聖観音（しょうかんのん）像と毘沙門天（びしゃもんてん）像の二尊を安置した。これが横川中堂の本格的な創建である。この堂の建立は、円仁が入唐の際、嵐に遭遇して船が沈みそうになったとき、観音力を念じると毘沙門天が現れて嵐が収まったという霊験にもとづいたものだったという（『叡岳要記』）。そのため、根本観音堂とも呼ばれる。

焼失と再興を繰り返し、信長による焼討ち後は、天正十二年（一五八四）、豊臣秀吉の援助を得て再建されたと伝えられる。その後、秀吉の側室淀君が願主となって改造された。しかし昭和十七年（一九四二）、落雷のためそれも焼失してしまった。現在の堂舎は昭和四十六年の再興。旧堂の様式を踏襲し、切り立った崖に建つ舞台造りで、屋根の形は船形である。本尊の聖観音立像（平安時代／重要文化財）は、災禍や兵火をまぬかれて、奇跡的に今日まで伝えられているものだという。

如法塔――一字三礼で書写された如法経の聖地

横川中堂の北に建つ。かつては如法堂、あるいは根本如法堂と称された。「横川中堂」の項で記したように、円仁は天長十年（八三三）ごろに横川に草庵を結び、その数年後、小塔を建てて書写した『法華経』八巻六万八千余字をそこに納めた。これが如法塔のルーツで、東塔・西塔にならぶ北塔の濫觴となり、ここに比叡山三塔がそろうことになった（小塔の建立を天長十年とする史料もある）。

円仁がこのとき行った写経は、ただの写経ではない。草の茎で筆を作り、霊水で墨を磨り、一字三礼の行儀に則って、すなわち一字書くごとに仏法僧の三宝を祈念するという作法を繰り返しながら書写したと伝えられている。すさまじい謹厳ぶりだが、このような一定の規則に従って写経すること、とくに『法華経』を書写すること、また書写されたものを、如法経という。「如法塔」の名はこの如法経が安置されたことに由来する。

根本如法塔　円仁は草の茎で筆をつくり、如法水と呼ばれる清浄な湧水を使って『法華経』8巻を写経し、納めたとされる

承和十四年（八四七）の入唐求法からの帰国ののち、円仁は仁明天皇や藤原氏の外護を得て、小塔の荘厳を志した。まず檜皮葺き五間の堂宇を建てて堂内に高さ五尺の多宝塔を安置し、その内部に如法経を奉納した小塔を奉納した。塔の左右には釈迦像・多宝仏像が奉安され、四角には普賢・文殊・観音・弥勒の四菩薩像が置かれた。この堂は根本如法堂と呼ばれた。十世紀末には、「横川僧都」と称され平安浄土教を

大成させた源信（九四二〜一〇一七年）によって如法堂に大改修が加えられ、銅造の新塔が建てられた。長元四年（一〇三一）には横川の住僧であった覚超らが、如法経を納める銅造の外筒を鋳造し、この中に円仁書写の如法経を小塔ごと納め、地中深くに埋納して弥勒出世の日まで保存するという大願を発した。これにあわせて、一条天皇の中宮上東門院（藤原道長の娘彰子）は自ら行った如法経と願文を経箱に納めて横川に施入したが、それもともに埋納する計画だった。しかし、実際に地下に埋められたのは、それから百年以上たった承安年間（一一七一〜一一七五年）だったという（景山春樹『比叡山と高野山』）。

　中世には如法塔やその周辺にさかんに写経の埋納が行われたようだが、しだいに荒廃していったらしい。信長の焼討ち後はなかなか再興されなかったようだが、大正十四年（一九二五）、ようやく再興され、如法塔と改称された。再建時には堂跡の地下から例の銅筒が発掘されているが、残念ながら、昭和十七年（一九四二）に横川中堂が落雷を受けて炎上した際に失われてしまった。上東門院の願経を納めていたものと思われる銅製鍍金の経箱も大正の再建時にあわせて出土しているが、こちらは現存している（国宝）。

四季講堂——延暦寺中興の元三大師を祀る

横川中堂の東に建つ。良源（九一二～九八五年）の住房であった定心房をルーツとする。仏堂には本尊として弥勒像が安置された。そして毎年、春夏秋冬の四季に門弟を集めて大乗経典の講経と論議を行い、これを四季講と称したので、定心房も四季講堂と呼ばれるようになった。

良源没後はその画像が祀られ、御影堂としての機能もはたすようになった。良源は正月三日に没したことから元三大師とも呼ばれたので、元三大師堂ともいう。

信長による焼討ち後は、天正十四年（一五八六）、徳川家康の奉加を得て再興され、慶長九年（一六〇四）には淀君が願主となって、横川中堂とともに改修が行われた。寛永七年（一六三〇）には大風で転倒したが、やがて再建。その後は数度の修復をへて現在に至っている（重要文化財）。現在の本尊は元三大師御影となっている。

四季講堂で良源に仕える僧侶を執事といい、横川に属する寺院の住職が輪番でこれを務めている。その勤行は厳格なことで知られ、これを看経地獄といい、比叡山三大地獄の一つに数えられる。

おみくじは元三大師良源が考案したといわれることから、ここはおみくじ発祥の地とされている。現在もおみくじは行われているが、しかしそれは僧侶との面談をともなうもので、所要時間は約二時間。「自分の進むべき道に迷いができたときに元三大師にその方向を決定していただくもので、予言ではありません。運試しの方にはご遠慮いただいております」とのことだ。

また、良源は祈禱をよくし、疫病退散のために夜叉の姿をとったと伝えられたことから、魔除けの大師として信仰された。魔除けの大師としての良源はその異形の姿から角大師、鬼大師または豆大師（魔を滅する魔滅大師だという）と呼ばれ、四季講堂で授与される大師の護符は疫病除け・厄除けとして広く民間に流布した。

四季講堂から二百メートルほど北に、良源の墓「元三大師御廟」がある。元三大師の場合は「御廟」は「みみょう」と読まれ、奇妙な形をした石卒塔婆が立つ。比叡山三大魔所の一つで、比叡山に異変が迫ると鳴動するという。

恵心院――浄土教を興隆させた源信の旧跡

横川中堂の南東にある。かつては、北隣の比叡山の重宝が納められた秘宝館が建つ地にあったが、昭和四十年（一九六五）の焼失後、現在地に再建された。

永観元年（九八三）落慶供養。摂政・関白を務めた藤原兼家が良源のために建立した堂で、当初は大日如来像・六観音像などが安置されていた。良源に師事し、浄土教を興隆させて念仏を普及させた源信の住房であったことで知られ、この院の名前から、源信は恵心僧都と呼ばれるようになった。寛仁元年（一〇一七）、源信はここ恵心院にて七十六歳で遷化した。その後は源信像が置かれ、御影堂としての機能ももった。信長の焼討ち後、しばらくして再建された。慶応四年（一八六八）と昭和四十年に焼失。現在の建物は、山麓坂本の生源寺の横にあった別当大師堂を移築したもので、阿弥陀如来を本尊とする。

恵心院　門前に「極重悪人無他方便唯称弥陀得生極楽」とあり、念仏三昧の道場として知られる

坂本の寺社

門前町として発展した山麓の里

坂本の里坊——老僧たちの隠居所

比叡山の東麓一帯を「坂本」と呼ぶ。延暦寺の「坂の下」という意味である。古くは、京都側の西麓を西坂本と呼ぶのに対して東坂本と呼ばれたが、いつしか坂本といえば近江側の東麓をさすようになった。現在の地名でいうと、滋賀県大津市の穴太、坂本、下阪本、苗鹿にわたる一帯である。坂本からは比叡山上への参詣路がいくつも開かれ、自然と延暦寺の門前町が形成されるようになった。

歴史的にみると、延暦寺の門前町としての坂本は、大きくは次の二つの機能をもつことで発展した。

一つは比叡山上への補給基地としての機能である。山上には数多くの堂塔が建ち、大勢の僧侶が生活していた。だが山上には田畑などはなく、そこではただひたすら消費のみが行われる。食糧をはじめ生活に必要な大量の物資は山下から運びあげるしかない。そのため、坂本は延暦寺への物資の荷揚場として栄え、運送業者が集まり、金融業者の土倉（どそう）が建ち並び、都市的な景観をみせるようになった。琵琶湖辺で、湖上交通を利用すれば北陸・東国とも比較的容易に通行できるという地の利も繁栄につながった。

律院　元々は比叡山横川の総里坊であった松禅院があったが、明治以降に荒廃。昭和24年（1949）に再興された

もう一つは、延暦寺の里坊としての機能である。元来、比叡山の僧侶は山上で一生を過ごすのが原則であった。しかし比叡山の自然環境は厳しく、老僧や病弱な僧侶の中には山から里に下り、隠居したり保養したりする者もいた。そんな彼らが坂本に営んだのが、山上の坊舎に対する「里坊」である。

坂本には里坊がはやくから見られたようで、日吉大社の西受付そばに建つ求法寺走井堂はもとは第四代天台座主安慧（七九四～八六四年）の里坊として建てられたものだという。延暦寺中興の祖良源（九一二～九八五年）や天台座主を四度も務めた慈円（一一五五～一二二五年）も晩年は坂本の里坊で暮らしたという。

また、世俗的な寺務に携わった下位の僧侶は妻帯して坂本で暮らすことができた。彼らは「山徒」と呼ばれ、近世には「公人」と呼ばれた。さらに坂本には日吉大社の神職も住み、商人や職人も里坊周辺に集まり、コミュニティが形成されていった。平安時代後期から鎌倉時代にかけては坂本梶井里に三千院門跡（梶井門跡）の里坊がもうけられ、これに仕える山徒たちの坊舎も数多く建てられたという。

坂本の繁栄が文献史料上で確認できるようになるのは室町時代からだが、しかし坂本もまた元亀二年（一五七一）の信長による焼討ちで大きなダメージを受け、里坊は灰燼に帰した。

その後復興されたが、焼討ちを契機として天台座主は坂本に常住するようになり、老僧が山を下りて坂本の里坊に隠居することも正式に認められるようになった。里坊はそれぞれ山上の三塔十六谷に属し、東塔の総里坊は止観院、西塔は観泉坊・生源寺、横川は弘法寺であった。江戸時代には多い時で里坊は八十カ所を越えたという。

現在、大津市坂本付近には延暦寺の里坊として五十カ寺ほどが残っていて、僧侶とその家族が住んでいる。その町並みは国の伝統的建造物群保存地区に指定され、一部の里坊は拝観も可能。貴重な仏像・仏画を蔵しているところも多い。また、かつての公人の住居の一つが「公人屋敷（旧岡本邸）」として公開されている。街角に残る「穴太衆積み」と呼ばれる独特な石垣は、古来、穴太一帯に住んで延暦寺の土木営繕を担った「穴太衆」と呼ばれた石工の手によるもので、門前町の落ち着いた景観を守り続けている。

生源寺――最澄生誕の地　［滋賀県大津市坂本六丁目］

京阪電車の坂本比叡山口駅を降りて、山側に向かってしばらく歩いてゆくと右手に生源寺が見える。最澄生誕地として知られ、境内には最澄の産湯に用いたと伝わる井戸がある。この地に最澄の父三津首百枝の家族が暮らす屋敷があったのだろうか。のちに寺が建てられ生源寺と名づけられたという。本尊は円仁作と伝わる十一面観音で、脇侍には最澄の父百枝と母藤子の像を祀る。現在の建物は文禄四年（一五九五）

生源寺・山門　門をくぐると右手の大きな古木の下に最澄の産湯として用いた古井戸がある

の再建、宝永七年（一七一〇）の改築と伝えられている。

本堂隣には最澄の高弟光定の大師号を冠した別当大師堂があり、その北隣には最澄母を祀る市殿神社が、さらにその北へ行くと父を祀る百枝神社がある。そして毎年八月十七・十八日には最澄の誕生会が盛大に行われる。

しかし、第一章で言及したように、最澄の出身地は琵琶湖南岸側にあたる近江国滋賀郡古市郷であって、生源寺が所在する大友郷ではない。ただし、三津首氏自体は大友郷が本拠地だった可能性もあるので、そのことがからんで生源寺を最澄の出生地とする伝承が生じたのかもしれない。もちろん、父祖ゆかりのこの地で実際に最澄が出生した可能性も残ろう。あるいは、ここに母親の実家があったのかもしれない。先に触れたように、近世には西塔の総里坊として隆盛した。山号は比叡山である。

なお、『叡山大師伝』は父百枝は最澄生誕前に私宅を寺にしたとし、江戸時代の『伝教大師伝』はその寺を紅染寺とする。坂本の北の大津市日吉台に紅染寺跡とされる場所がある。

滋賀院門跡——天台座主の御座所　　［滋賀県大津市坂本四丁目］

坂本の里坊の中心で、かつては天台座主の居所であった。

元和元年（一六一五）、比叡山復興に尽くした天海が、後陽成天皇から京都の法勝寺を賜って移築したことにはじまるという。寺基を移したのは寛永十二年（一六三五）とする説や、当地が慈円の別坊だったとする説もある。

明暦元年（一六五五）、後水尾天皇の皇子尊敬法親王（のちに守澄）が天台座主に就き、ここに居住するようになると、同天皇から滋賀院の号を受けたという。以後、法親王（出家して親王宣下を受けた皇子）が天台座主と輪王寺門跡（寛永寺山主・日光山門主）を兼ねて滋賀院に常住するようになり、滋賀院門跡、滋賀院御殿とも称され、ここが比叡山運営の拠点となった。

滋賀院門跡　数多くの里坊の中でもひときわ背の高い石垣と白壁に囲まれており、延暦寺里坊の中心らしい堂々とした外構えを見せている

建物は明治十一年（一八七八）に火災で全焼したが、その後、山上の無動寺谷法曼院などの建物を移築して再建された。穴太衆石積みの石垣に囲まれた約二万平方メートルの広大な境内に、内仏殿・二階書院・宸殿・客殿・庫裏・土蔵などが建ち並ぶ。内仏殿の本尊は薬師如来。宸殿の西側には小堀遠州作の美しい庭園がある。

南隣に天台宗務庁があり、その裏手に天海の廟所である慈眼堂がある。その周囲は近世以降の天台座主の廟所になっていて、石造の巨大な宝塔や石仏が並んでいる。桓武天皇の宝塔や紫式部・清少納言らの供養塔もある。

［滋賀県大津市坂本五丁目］

日吉大社——比叡山の地主神

里坊を山側に抜けると日吉大社に着く。延暦寺開創以前から信仰されていた、比叡山一帯の地主神である。

日吉大社の日吉は古くはヒエと読まれ、比叡・日枝の字もあてられたが、要するに鎮座地の比叡山に由来する。大山咋神（おおやまくいのかみ）を祀る東本宮と、大己貴神（おおなむちのかみ）を祀る西本宮から成るが、このうち、神社創祀の地と考えられているのは東本宮である。

大山咋神は須佐之男命（すさのおのみこと）の子の大年神（おおとしのかみ）の子で、『古事記』には「近淡海国（ちかつあうみのくに）の日枝（ひえ）の山（比叡山）」に鎮座したと記されている。「大山咋」とは「偉大な、山の境界の棒」を意味するというが、東本宮の背後にそびえる神奈備（かんなび）型の牛尾山（うしおやま）（八王子山とも／標高三七八メートル）こそがこの神が降臨した本来の鎮座地であり、現在の東本宮は牛尾山＝奥宮に対する里宮だと考えられている。そして、牛尾山山頂には磐座（いわくら）が屹立し、山麓には古墳時代後期の円墳が多数見つかっている。東本宮の創祀年代を明確にすることは難しいが、最澄入山のはるか以前からこの一帯が神聖視されていたことは間違いない。

一方、西本宮は、社伝によれば、近江の大津宮（おおつのみや）への遷都（六六七年）の翌年に天智（てんじ）天皇が大和の三輪（みわ）明神（大己貴神＝大物主神（おおものぬしのかみ））をこの地に勧請（かんじょう）したことにはじまるという。

古来の地主神である大山咋神への信仰を土台に、新都の守護神として大己貴神を迎えて発展したのが、日吉大社ということになる。

平安時代後期以降には、天台系の山王（さんのう）信仰と習合して日吉山王社、山王権現（ごんげん）、日吉権現などと呼ばれるようになった。東塔の山王院の項でも触れたが、山王信仰とは、天台宗の本山である中国の天台山国清寺の護法神「山王元弼真君（げんひつしんくん）」に由来するもので、いうなれば、日吉大社祭神を「山王」という天台系の神と同一視する信仰である。やがて延暦寺では天台教学と結びついた神仏習合の山王神道が唱えられるようになり、日吉山王の神は仏の垂迹（すいじゃく）とされ、日吉大社は延暦寺と一体となって発展した。

日吉大社の社域は広く、東本宮・西本宮はそれぞれ多くの摂社・末社を従えるが、神仏習合時代には、東本宮系の四社（東本宮・牛尾宮・樹下宮（じゅげぐう）・三宮）と西本宮系の三社（西本宮・宇佐宮・白山宮）があわせて「山王七社」と称された。星辰信仰の要素ももつ山王神道にもとづいて、これら七社を北斗七星になぞらえたもので、それぞれは仏の垂迹とされた。のちには「中七社」と「下七社」が加わり、「山王二十一社」が成立している。

信長の焼討ちで壊滅的な被害に遭うが、ほどなく復興され、これを主導した天海が山王神道を再編して山王一実（いちじつ）神道をうちたてたこともあって、近世の日吉大社は神仏習合の道場としていっそうの繁栄を迎えた。

ところが、明治維新の神仏分離と廃仏毀釈で日吉大社から仏教色は一掃されてしまい、延暦寺との結びつきもいったん強引に断ち切られてしまった。

その後次第につながりが回復され、たとえば毎年五月二十六日には延暦寺僧侶が出仕して「山王礼拝講（らいはいこう）」が行われている。日吉大社の神前で法華八講の法要を行うもので、そのはじまりは平安時代と伝えられ、今に残る神仏習合の祭事として貴重である。

なお、「日吉大社」を正式な社名としたのは昭和戦後のことである。

日吉大社・東本宮　比叡山の神を祀る日吉大社は延暦寺の守護神として崇敬を受けるようになり、延暦寺と深い関係を築いていった

コラム　最澄の足跡に続いた名僧たち③

良源

［りょうげん／九一二－九八五年］
伽藍を再興し、僧風を刷新させた叡山中興の祖

十世紀、比叡山はしばしば大火に見舞われ、多くの堂塔伽藍を失った。加えて、この時期には八世紀末の最澄による創建から百年以上が経過して、延暦寺の僧風にも堕落が目につくようになっていた。こうしたなかで、山上の伽藍復興と綱紀の粛正に尽くしたのが、叡山中興の祖とたたえられる良源である。

良源は延喜十二年（九一二）、近江国浅井郡（滋賀県の琵琶湖北岸一帯）に生まれた。俗姓は木津氏または饗場氏で、幼名を観音丸といい、母は物部氏の人だという。

父が早世したため、滋賀郡（琵琶湖西岸）の梵釈寺の覚恵の勧めを受けて十二歳で比叡山に登り、延暦寺西塔の理仙に師事した。延長六年（九二八）十七歳のときに出家得度し、名を良源と改めた。ついで第十三代天台座主尊意から菩薩戒を受けて正式な僧侶となり、さらに比叡山で顕教・密教の研鑽を積んだ。

ところが、承平五年（九三五）、二十四歳のとき、根本中堂から出火して多くの堂塔が焼失。この前後から良源は山内の論議で異才を発揮しはじめ、承平五年または七年には奈良興福寺の維摩会に参列し、南都の高僧と法論をたたかわして名をあげた。

しかし良源は円仁派だったので、円珍派が

天台座主のあいだは出世できず、比叡山横川に定心房をもうけて隠棲した。だが、村上天皇の中宮で、藤原師輔の娘であった安子の安産祈祷を行ったことをきっかけに、政界の実力者であった師輔の庇護を受けるようになった。ちなみに、師輔の第十子尋禅は良源に弟子入りし、良源の後継者となっている。

応和三年(九六三)、五十二歳のときに内裏清涼殿で南都の学僧と論議を行い(応和宗論)、法華一乗の教えの優位を説いて天台教学の存在感を示し、名声を高めた。康保元年(九六四)内供奉となり、康保三年には五十五歳でついに第十八代天台座主に就いた。

元三大師像 最澄の直系の弟子ではなかったが、頭角を現し、天台座主にまで上り詰めた(1895年刊『元三大師御鬮判断諸抄』の挿画より、国立国会図書館)

就任後まもなく、またも火災が起きて延暦寺は荒廃したが、良源は師輔からの経済的支援も得て、堂塔の復興に取り組んだ。根本中堂は天慶元年(九三八)に再建されていたが、さらに谷を埋めて大堂にする大改修が施され、天元三年(九八〇)に落慶供養が営まれた。現在の根本中堂（江戸時代再建）はこの良源時代の建物を原形としている。その他にも諸堂の再建にあたり、三塔十六谷と呼ばれる延暦寺の伽藍形態は良源によって完成されたといわれ、住山の僧も三千人に及んだという。

僧風の粛正にも努め、僧団規律として『二十六箇条起請』を定め、奢侈や武装を禁じた。さらに「広学竪義」という論議を毎年行うことで、教学振興もはかった。このように叡山復興に全力を尽くしたうえで、永観三年（九八五）に七十四歳で入寂し、横川に墓所が営まれた。寂後、一条天皇から「慈恵」の諡号を賜ったので慈恵大師と呼ばれ、また正月三日が命日なので元三大師とも呼ばれる。霊験の逸話が多く、死後は魔除けの大師として民間に信仰された。角大師・豆大師などと呼ばれる比叡山から出される異形の良源像を描いた護符は魔除けとして広まり、現在でも人気がある。

角大師像　良源が夜叉の姿に化して疫病神を追い払った時の姿とされる（1895年刊『元三大師御鬮判断諸抄』の挿画より、国立国会図書館）

最澄ゆかりの古寺

第4章

近江

最澄と比叡山を支えた古寺名刹

最澄がめぐった南滋賀の古代寺院

伝教大師最澄の生まれ故郷である近江国（滋賀県）は、京都・奈良ほどではないにしても、古寺名刹は多い。とりわけ南西部の琵琶湖南岸付近には、最澄とゆかりの深い古代寺院が散見される。いずれも現在は廃絶しているが、その遺跡をたどることはできる。

瀬田川東岸にある瀬田廃寺跡（大津市野郷原）は近江国分寺の跡とされ、道路のかたわらに石碑が建っている。天平十三年（七四一）創建で、一般には、宝亀九年（七七八）に行表を師として出家した十三歳の最澄が最初に入った寺院とされている。門・塔・金堂・講堂が南北に一直線に並ぶ四天王寺式伽藍配置だった。

この国分寺は延暦四年（七八五）に火災で焼失してしまうが、その寺格は瀬田川西岸にあった国昌寺に移され、弘仁十一年（八二〇）には国昌寺が正式に近江国分寺となった。国昌寺の創建は不明だが、天平宝字五年（七六一）この付近に設けられた保良宮に淳仁天皇が移御した際には確実に存在していた。最澄は延暦四年の比叡山入山直前に寺籍をこの国昌寺へ移したと考えられている。しかし、国昌寺は中世には廃絶してしまったらしい。大津市光が丘町の晴嵐小学校付近がその跡地とされ、学校敷地内に石碑が建っている。

そこから湖岸沿いに北へ向かい、さらに比叡山南東の山すその道を登ってゆくと、崇福寺跡に至る（大津市滋賀里町甲）。崇福寺は天智天皇の勅願によって天智天皇七年（六六八）に創建された寺院で、尾根ごとに伽藍が建つ山岳寺院だったと考えられている。また、延暦五年にはそのそばに桓武天皇によって梵釈寺が創建されたという。しかし、どちらも中世には衰退してしまったようだ。

跡地付近には南・中・北の三つの尾根があり、昭和以降の発掘調査で礎石などの遺構が出土している。現在、南尾根に「崇福寺旧址」の石碑が建っているが、近年の研究では南尾根の建物群を梵釈寺に、中・北尾根の建物群を崇福寺にあてる説が有力となっている。南尾根には金堂と講堂、中の尾根には小金堂と塔、北尾根には弥勒堂が建っていたという。塔跡の心礎からは舎利容器が発掘されている（国宝）。

最澄が出家した時点では、師の行表は近江国分寺ではなく崇福寺に在籍していたとみられるので、最澄が最初に入った寺院は崇福寺ではないかという説があり、また比叡山に入った最澄が天台典籍を書写したのは、鑑真が将来した仏典を蔵していた梵釈寺であっただろうともいわれている。最澄は、典型的な山岳寺院であった故郷の崇福寺や梵釈寺をモデルにして、延暦寺伽藍の構想を練ったのではないだろうか。

園城寺（三井寺）——天台寺門宗の総本山　［滋賀県大津市園城寺町］

大津市中央部にあたる、琵琶湖西岸の長等山東麓に広大な寺域を有する。天台寺門宗の総本山で、三井寺の別称をもつ。山号は長等山、本尊は弥勒菩薩（秘仏）。

草創は不明の部分が多いが、壬申の乱（六七二年）に敗れた大友皇子（天智天皇の皇子）の子大友与多王が父の霊を弔うために創建したという伝承があり、このとき与多王が寺のために「田園城邑」を寄進し、この文字にちなんで天武天皇（天智天皇の弟）から「園城」の勅額を贈られたとも伝えられる。また三井寺の「三井（御井）」

園城寺　中世には焼討ちに遭ったり、近世には豊臣秀吉により寺領を没収され廃寺同然となるも、その都度再興されてきたことから、「不死鳥の寺」とも言われる

は、天智・天武・持統の三天皇の産湯に用いられた泉があることに由来するという。

その後、豪族大友氏の氏寺となるも衰退。これを再興したのが、最澄の弟子義真（初代天台座主）に師事し、唐で天台と密教を修め、のちに第五代天台座主となった円珍（八一四〜八九一年）である。円珍は園城寺を天台別院とし、境内に唐院を建立して彼が唐から持ち帰った経典類を納めた。

ところが円珍没後、延暦寺では円仁（第三代天台座主）の弟子たちの派閥と円珍系の派閥との対立が激化し、正暦四年（九九三）には、武力闘争の末ついに円珍派が山を降りて園城寺に入り、延暦寺からは独立することになった。延暦寺に残った円仁派を山門派と呼ぶのに対して、園城寺を拠点とした円珍派は寺門派と呼ばれる。最澄に淵源する天台宗が二つに分裂してしまったのである。寺門派は昭和戦後からは天台寺門宗を正式名称としている。

東大寺・興福寺・延暦寺と並ぶ四箇大寺の一つに数えられ、平安時代末には堂塔八十に及んだというが、山門派との抗争や源平の争乱に巻き込まれるなどの影響でしばしば戦禍をこうむり、伽藍は焼亡を繰り返している。文禄四年（一五九五）には豊臣秀吉が突如、一山の破却を命じる闕所令を発し（理由は不明）、一部の堂舎を残して破却された。金堂が延暦寺西塔へ強制的に移築されて釈迦堂となったのはこのときのことである。しかし秀吉が亡くなると、徳川家康らによって再建がはじまった。

現在の金堂は秀吉の正室北政所の寄進によって慶長四年（一五九九）に再建されたもの。前述の唐院は円珍の廟所となっており、園城寺内でもっとも神聖な場所とされる。慶長三年再建の大師堂には二体の円珍像（智証大師坐像）がある（ともに国宝で秘仏）。一体は中尊大師と称され、はじめは比叡山の円珍の住房だった山王院にあったが、正暦四年に円珍派が山を追われたときに園城寺へ移されたという。もう一体は御骨大師と呼ばれ、円珍の遺骨が納められているという。二大師像の隣には金色不動明王立像が置かれている（重要文化財、秘仏）。円珍が感得した黄不動明王を写したという画像「黄不動」（国宝、秘仏）を正確に立体化したものといわれ、立像自体も黄不動と呼ばれる。

南院の観音堂は秘仏の如意輪観音坐像（重要文化財）を祀り、西国三十三所観音霊場の第十四番札所となっている。

北院の新羅善神堂は、円珍が入唐求法から帰朝する際に船上に示現したという新羅明神を園城寺の鎮守神として祀る。現在の建物は貞和三年（一三四七）の再建だが、檜皮葺き屋根の流造りが美しい（国宝）。本尊の新羅明神坐像は十一世紀ごろの作とされ、神像彫刻の傑作として有名である（国宝、秘仏）。

葛川明王院——千日回峰行の奥の院　［滋賀県大津市葛川坊村町］

琵琶湖西岸に連なる比良山系の西側を流れる安曇川の上流は山深い峡谷となっていて葛川と呼ばれるが、ここは千日回峰行を創始した相応（八三一～九一八年）とゆかりの深い土地である。

『帝王編年記』『天台南山無動寺建立和尚伝』などによると、円仁の弟子であった相応は、比叡山無動寺谷の草庵（のちの無動寺明王堂）で修行したのち、貞観元年（八五九）二十九歳のとき、大願を発して比良山の峡谷に入り、参籠生活を送った。やがて滝中に生身の不動を拝し、無動寺谷に明王堂を建てて不動明王を祀ったという。また『葛川縁起』によれば、比良山の奥地に入った相応は、葛川の地主神である思古淵明神の託宣にしたがって葛川の霊地を行場とした。すると滝の飛瀑の中に不動明王の姿を見たので、滝壺に飛び込んで霊木を引き上げ、それを自ら不動明王に刻み、小堂を建ててその像を安置した。これが葛川明王院（息障明王院）の起こりだという。

こうした伝承にもとづき、千日回峰行では葛川は特別な場所とされてきた。現在では、毎年七月十六日から五日間、葛川明王院に回峰行者が一堂に会して参籠する。これに参加するには百日回峰行を満行していなければならず、席次は参籠の回数によって厳格に決められている。これを葛川参籠とか葛川夏安居といい、その年に初百日回峰を奉修した者は、この夏安吾に参加しなければ満行とはならない。明王院は延暦寺の別院であり、比叡山回峰行の奥の院である。

葛川明王院　相応は霊木から３躯の不動明王像を得て、葛川明王院、比叡山無動寺、伊崎寺の３寺で祀ったことから、これらの３寺は天台修験の三大聖地とされる

明王院の本尊は本来は不動明王であったはずだが、いつの頃からか千手観音を中尊とし左右に不動明王と毘沙門天を配する三尊形式に改められている。

明王院の南を流れる滝川にかかる橋を渡ると、地主神社に至る。明王院を開いた相応が鎮守として創祀したと伝わり、現在は国常立尊を祭神とするが、本来は地主神である思古淵明神を祀っていたのだろう。かつては明王院本堂の裏手にあったという。現在の幣殿と本殿は文亀二年（一五〇二）の建立。葛川夏安居では、行者たちは地主神社でも勤行をして思古淵明神に対して法楽を行う。

京都

天台宗を育んだ名刹と門跡寺院

神護寺――最澄と空海の密教道場

［京都市右京区梅ヶ畑高雄町］

京都市街地の北西郊外にそびえる高雄山の中腹にあり、現在は高野山真言宗の別格本山で、山号は高雄山。

草創ははっきりしないが、奈良時代に備前国（岡山県東部）出身の豪族和気氏が氏寺としてここ高雄に高雄山寺（高雄寺）を創建した。それとは別に、天応元年（七八一）、称徳女帝に寵愛されて皇位をも狙ったという道鏡の野望を阻止し、また平安遷都を提唱したことでも知られる和気清麻呂（七三三～七九九年）が河内国（大阪府南東部）に神願寺を創建した。その正確な場所はわかっていないが、神願寺は、清麻呂がかつて宇佐八幡大神から「伽藍を建てて万代安寧を祈願せよ」との神託を得たこと

神護寺　ここで最澄は空海から2度にわたり灌頂を受け、2人の親交は深まった。天台宗・真言宗の礎を築いた寺院といえる

に由来するという。清麻呂没後の天長元年（八二四）、清麻呂の子真綱らが神願寺を高雄に移して高雄山寺と合併させ、寺号を神護国祚真言寺と改めた。略称が神護寺である。

　高雄山寺時代は、第1章・第2章で触れたように、最澄との関わりが深い。延暦二十一年（八〇二）、和気弘世・真綱兄弟は最澄と南都の高僧を高雄山寺に招き、法華十講の法会を催した。これは最澄の名を宮中に知らしめる契機となり、また天台宗開宗の基礎が固められることにもつながった。そして延暦二十四年、唐から帰朝した最澄は、桓武天皇の勅を受けてここで密教の灌頂を執り行った。

大同四年（八〇九）、やはり唐から帰朝した空海が高雄山寺に入山した。以後十年ほど、空海はここを拠点として真言宗の立宗と確立に向けて活動している。弘仁三年（八一二）にはこの寺で最澄・真綱ら多くの僧俗に金剛界・胎蔵界両部の灌頂を授けた。天長元年（八二四）には定額寺（官寺に準じて官稲を賜り、年分度者が置かれた寺院）となり、先述のように寺号も神護寺と改められ、真言密教の根本道場として、護摩堂・灌頂堂などが建てられていった。

しかし、正暦五年（九九四）と久安五年（一一四九）に火災にあって荒廃。また久安年間（一一四五～五一年）には鳥羽法皇の怒りに触れて、破却同然になったともいわれる。

寿永元年（一一八二）、文覚の尽力でようやく再興が後白河法皇によって許され、徐々に伽藍が復興されていった。

その後も盛衰を繰り返すが、明治維新の廃仏毀釈で寺領は解体され、塔頭九院・僧房十五のすべてが失われてしまった。昭和五年（一九三〇）に清巌が入山してからようやく復興され、現在に至っている。

現在の建物のほとんどは江戸時代以降の再建。金堂の本尊薬師如来立像（国宝）は神願寺から移坐されたものとも考えられている。多宝塔の五大虚空蔵菩薩像も国宝で、承和七年（八四〇）ごろの作だという。鎌倉時代の肖像画の名作として知られる伝平重盛像・伝源頼朝像・伝藤原光能像は神護寺に伝えられたもので、いずれも国宝。近年、伝源頼朝像を足利直義の像とする説が出されて注目されたが、確証されているわけではない。

天台宗五箇室門跡――歴代天台座主を輩出した名門寺院

皇族・貴族出身の僧尼が住職を務める由緒ある寺院、もしくは僧尼その人のことを、「門跡」という。「一門の祖跡」すなわち祖師の法統を継ぐ者というのが門跡の本意である。ただし一般には、「門跡」といえばその場所（寺院）をさし、門跡寺院の住職は「門主」と呼ばれる。なお、公的な門跡制度は明治四年（一八七一）に廃止されたが、同十八年に門跡号の復称が許可され、私的な称号として今日まで続いている。

天台宗には法親王（出家した皇族）が入寺し、歴代天台座主や高僧を輩出してきた門跡寺院が五つあり、これらは「天台宗五箇室門跡」と呼ばれて特別な扱いを受けている。いずれも最澄に関わる伝承があり、毘沙門堂を除くと当初は比叡山上にあったが、のちに山下へ移った。天台宗や延暦寺の歴史・文化を語るうえで外すことのできない古刹なので、それぞれ簡略に紹介しておこう。なお五箇室門跡は歴史（とくに草創期）が複雑で、その変遷をめぐっては諸説もみられることをお断りしておく。

妙法院門跡――三十三間堂の本坊　［京都市東山区妙法院前側町］

最澄が草創したと伝えられ、当初は比叡山西塔にあったといわれるが、不詳の点が多い。山号は南叡山。

十二世紀後半、延暦寺本覚院快修の弟子昌雲が後白河法皇の帰依を受け、法皇が御所とした京都東山の法住寺殿のそばに住房をもった。法皇が勧請した新日吉社、法皇が法住寺殿内に建てた蓮華王院（三十三間堂）を昌雲がともに管掌して妙法院と号したという。これが妙法院の実質的なはじまりと考えられる。

そのあとをついだ昌雲の弟子実全は建仁二年（一二〇二）に天台座主に就き、正式に妙法院の号を立てた。その住房（妙法院）はおそらく綾小路小坂（現在の祇園町の南側）にあったと考えられている。実全に師事した尊性法親王（後高倉院の王子）も

妙法院門跡　最澄を初代門主、後白河上皇を15代門主と仰ぎ、豊臣秀吉ともゆかりが深い寺院として知られる

安貞元年（一二二七）に天台座主に就いたが、綾小路の住房にちなんで綾小路宮と号し、妙法院の寺基もこのころには完全にここへ移ったらしい。おそらく山上の本坊（もしくは本坊にあたる寺院）は衰亡したのだろう。以来、法親王が綾小路の妙法院に入るようになって座主を輩出する門跡寺院となり、また蓮華王院の法灯もここが継いだ。

しかし綾小路の妙法院も応仁の乱の兵火で荒廃。十六世紀末、豊臣秀吉が東山の法住寺殿跡に大仏殿（方広寺）を建立した際、妙法院がそれを管理することになった。豊臣氏が滅亡した元和元年（一六一五）、徳川家康は常胤法親王を迎えて妙法院を現在地に移し、新日吉社、蓮華王院、方広寺を管理させた。寛文三年（一六六三）には当院出身の尭恕法親王が天台座主となり、寺運が興隆していった。

一千一体の千手観音像（国宝）で有名な蓮華王院は拝観できるが、その本坊にあたる妙法院の内部は非公開。広大な寺域には庫裏（国宝）・大玄関・宸殿・大書院などの建物が並ぶ。なお、庫裏は令和二年（二〇二〇）から大規模な修理が行われていて、完了は令和九年の予定。

三千院門跡——比叡山東塔にルーツをもつ名刹

［京都市左京区大原来迎院町］

梨本房、梶井門跡とも呼ばれる。最澄が比叡山東塔南谷の梨の大木の下に仮堂をつくったのがはじまりと伝えられる。この堂は円融院（円融房）と呼ばれた。貞観二年（八六〇）、承雲によって堂塔が整備され、承雲を祖とする梨本門流の寺房となる。その後、梨本門流の明快（第三十二代天台座主）が新たに梶井門流を創始するが、応徳三年（一〇八六）、東麓坂本の梶井里（滋賀県大津市）に円徳院がもうけられ、東塔の本坊円融院に対する里坊とされた。大治五年（一一三〇）、堀河天皇の皇子最雲法親王が入寺して門主となり、その後は法親王の入寺が続いて門跡寺院となり、寺院は梶

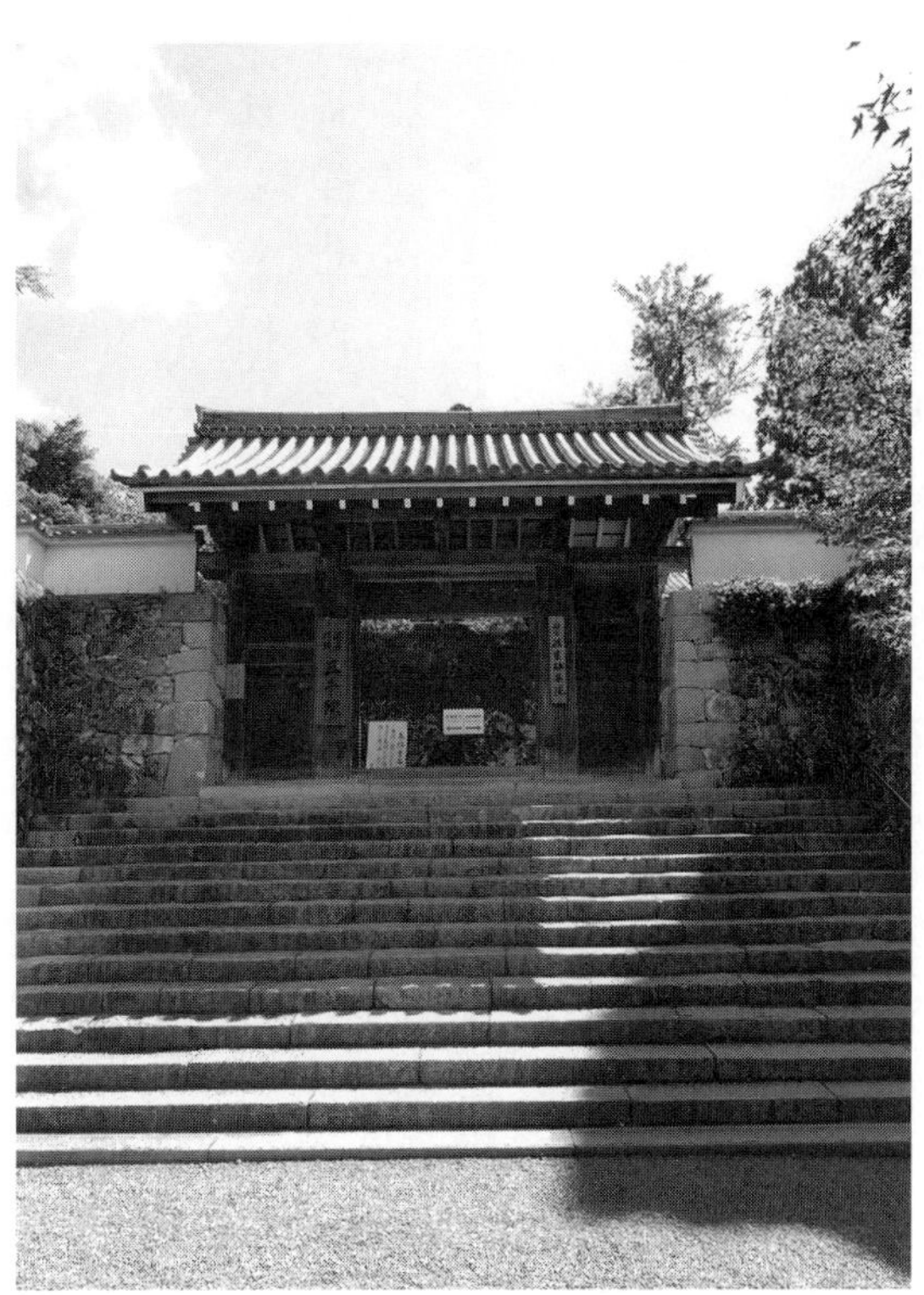

三千院門跡　京都市郊外の北東の山中に位置し、かつては貴人や仏教修行者の隠棲の地として知られた大原の里にある

井門跡（梶井宮）と呼ばれ、多くの門主が天台座主に就いた。

ところが里坊はその後、京内で寺地を転々し、応仁元年（一四六七）に船岡山（京都市北区）にあった梶井門跡の房舎が焼亡すると、現在地の大原が本拠となった。大原はもともと梶井門跡の政所が置かれていたところで、久寿三年（一一五六）に前述の最雲法親王がここに別当代を設けたのがルーツだという。

江戸時代なかばには御所の東（上京区梶井町）に梶井門跡の里坊が新たに営まれ、その持仏堂を三千院と号した。大原の房舎も残り、ゆかりにもとづいて円徳院または円融院と呼ばれた。山上の本坊はすでに衰亡していたのだろう。明治維新後、里坊の本尊薬師如来像などが大原の房舎に移され、正式に梶井門跡の本殿となり、寺号は三千院と改められた。

歴代門主は後白河法皇が保元二年（一一五七）に宮中で修したのをはじまりとする御懺法講の導師（調声）を勤めるのをならいとし、また、天台の声明の道場である魚山大原寺（勝林院・来迎院など十余カ寺の総称）を統轄した。

現在の本堂である往生極楽院は平安時代の遺構で、もとは常行三昧堂であり、大原寺に所属する一院だった（重要文化財）。天井には二十五菩薩来迎図・飛天奏楽図などが描かれ、本尊阿弥陀如来像・脇侍観音勢至二菩薩像（十二世紀前半／国宝）を安置する。二菩薩は「大和坐り」と呼ばれるやや前かがみの跪坐をみせ、来迎の様子を表したものとして名高い。

青蓮院門跡——慈円や親鸞ゆかりの地

［京都市東山区粟田口三条坊町］

最澄が開いたと伝えられ、はじめは比叡山東塔南谷にあり、青蓮房と号した。のちに天台座主行玄に譲られ、久安六年（一一五〇）には美福門院（鳥羽天皇皇后）の祈願所となり、また東塔南谷の本坊となった。このとき、青蓮院の院号をつけられたという。

十二世紀後半、鳥羽天皇の皇子覚快法親王が行玄に従って東塔青蓮院で得度する際、三条白川（京都市東山区）に住房として殿舎が造営され、三条白河坊、青蓮院門跡などと呼ばれた。以後、皇族や摂関家子弟の青蓮院門跡への入寺が相次ぎ、多くの天台座主を輩出した。関白藤原忠通の子で、四度も天台座主に補せられた慈円が正治年間（一一九九～一二〇一年）に三世門主になると寺運は興隆に向かった。元久二年（一二〇五）、慈円は青蓮院門跡の寺地を東山大谷の吉水坊に移したが、嘉禎三年（一二

青蓮院門跡　江戸時代に仮御所となったため「粟田御所」とも呼ばれた。東山山頂の将軍塚周辺は飛地境内となっている

三七）には寺地は再び三条白川に戻った。これが現在地である。一方、山上の青蓮院は次第に衰退したようである。

　青蓮院歴代門主には、伏見天皇皇子で能書家として知られた尊円（一二九八〜一三五六年）、足利義満の子で還俗後に室町幕府第六代将軍義教となった義円（一三九四〜一四四一年）などがいる。また、慈円は浄土宗の開祖法然（一一三三〜一二一二年）を庇護したが、法然寂後その門弟源智が創建した勢至堂は慈円が法然に与えた院内の一房の跡であり、これが知恩院の起源となった。浄土真宗の開祖親鸞（一一七三〜一二六二年）は九歳のときに慈円について青蓮院で出家得度しており、こうした縁もあって、明治期まで本願寺法主は青蓮院で得度するのが恒例となった。天明八年（一七八八）に御所が大火に遭った際には、後桜町上皇が青蓮院を仮御所としている。幕末に公武合体派の重鎮として活躍した中川宮朝彦親王（のちに久邇宮）は還俗前は法名を尊応、尊融と称し、青蓮院門主に補せられていた。

本尊は熾盛光如来。殿舎・諸堂はしばしば兵火や火災にあっており、明治二十六年（一八九三）の大火ではほとんどの堂塔を焼失。現在の建物の多くはその後の再建物である。寺宝の絹本著色不動明王二童子像（国宝、秘仏）は日本三不動の一つ「青不動」として有名。平成二十六年（二〇一四）に東山山頂の将軍塚付近に建立された青龍殿に安置されている。

なお、妙法院・三千院・青蓮院を天台宗三門跡といい、天台宗の中でもとくに格式が高い。

曼殊院門跡——小さな桂離宮

［京都市左京区一乗寺竹ノ内町］

曼殊院門跡　勅使門の左右の塀は５本の水平の筋が入った築地塀で、門跡寺院としての格式の高さを表している

最澄が比叡山上に建てた堂宇を、天慶年間（九三八～九四七年）に是算が西塔北谷に移して「東尾坊」と号したのにはじまるという。天仁年間（一一〇八～一〇年）、忠尋のときに曼殊院と改められた。永久年間（一一一三～一八年）、慈順のときに洛北北山に別院をもったが、これが栄えたため本坊の機能もこちらに移った。その後、北山に金閣寺が建てられることになったため、御所の近くに移転した。文明年間（一四六九～八七年）に伏見宮貞常親王の王子慈運法親王が入寺してから宮門跡寺院となる。明暦二年

（一六五六）、良尚法親王が門主のときに現在地に遷る。

良尚法親王は、桂離宮を完成させたといわれる兄智忠親王のアドバイスを受けて曼殊院を造営したといい、そのため、「小さな桂離宮」とも称される。現在の建物の多くはこのときのもので、大書院（本堂）・小書院・庫裏は重要文化財に指定されている。寺宝としては円珍感得の黄不動明王の画像（園城寺蔵）の忠実な模本とされる絹本著色不動明王像（国宝）、平安時代写の伝藤原行成筆『古今和歌集』（国宝）などが有名。

天暦元年（九四七）ごろに菅原道真を祀る北野神社（北野天満宮）が平安京北郊に創建されると菅原氏出身の是算がその別当を務めたため、以来、明治維新まで、曼殊院門主が別当職を兼務することになった。慈運のあとをうけて門跡を相承した覚恕法親王は天台座主に就いている。

毘沙門堂門跡——最澄秘伝の鎮将夜叉大法を相承

［京都市山科区安朱稲荷山町］

毘沙門天を本尊とする。文武天皇の勅願により大宝三年（七〇三）に行基によって開かれ、出雲路（京都市上京区の賀茂川西岸に「出雲路」の地名が残る）に所在したの

毘沙門堂門跡　毘沙門天像は延暦寺根本中堂の本尊・薬師如来像の余材をもって刻まれたと伝わる

で出雲寺と号し、最澄自刻の毘沙門天像を本尊としたとも、あるいは最澄の草庵が同地にあったともいうが、正確なところは明らかではない。

「平親範置文」によると、鎌倉時代初期、円智（平親範）が、廃絶した平等寺（桓武平氏の祖葛原親王創建）、尊重寺（平親信建立）、護法寺（平範家創建）、すなわち平氏ゆかりの三寺を統合し、出雲路の出雲寺境内に延暦寺根本中堂を模した仏堂を建てた。これが毘沙門堂の実質的なはじまりと考えられる。相国寺の東に「毘沙門町」という地名が残っているが、この辺りが寺地であったのだろう。

中世には桜の名所として知られたが、たびたび兵火に遭う。慶長十六年（一六一一）、後陽成天皇が天海に復興を命じ、寛文五年（一六六五）、天海の弟子公海が現在地の山科に場所を移して堂宇を建てた。その後、公弁法親王（後西天皇皇子）を門主に迎え、天台宗の門跡寺院となる。公弁は日光輪王寺門主、天台座主にも就いている。以後、輪王寺門主（輪王寺宮法親王）が毘沙門堂門主を兼ねることになった。

宸殿には狩野益信の襖絵や円山応挙の鯉図などが残る。『紙本墨書洞院公定日記』『注大般涅槃経』などの重要文化財を所蔵。また、最澄が唐から将来したとされる鎮将夜叉法という行法は毘沙門堂門跡に伝わる秘法である。

九州と東国

最澄が歩いた道筋

竈門山寺——最澄発願の筑前宝塔院の故地

［福岡県太宰府市内山］

九州大宰府の北東にそびえるカマド形をした宝満山（竈門山／標高八二九メートル）の山麓にあった寺院で、大山寺、内山寺、有智山寺とも称された。竈門神社の神宮寺（神社付属の寺院）であり、かつては西国の天台宗寺院を代表する名刹であった。

竈門神社のはじまりは、社伝によれば、七世紀後半の天智天皇の時代にさかのぼる。このころ現在の福岡県太宰府市の地に、九州一円を統括する朝廷の政庁として大宰府という役所が改めて整備された。このとき、宝満山の上に八百万の神が祀られた。これが竈門神社の起源であるという。そして奈良時代に入ると神仏習合が進み、宝満山の西麓に神宮寺として竈門山寺が建立されたのだ。

延暦二十二年（八〇三）閏十月二十三日、入唐求法の旅をひかえて九州に滞在していた最澄は、竈門山寺を詣で、入唐四船の航海の無事を祈って、高さ六尺あまりの檀像（白檀を彫った素木の仏像）の薬師仏四軀を造り、その薬師仏像を無勝浄土善名称吉祥王如来と名づけ、また『法華経』『涅槃経』『華厳経』『金光明経』などの大乗経典を数度にわたって講説し、願文をつくったという（『叡山大師伝』）。願文の内容は伝わっていないが、渡海の安全を祈るものであっただろう。

竈門神社　神社の石段を上がる途中の右側にある大きな礎石群が竈門山寺跡とされる

唐から帰朝して九年後の弘仁五年（八一四）春、最澄はふたたび九州に入り、高さ五尺の檀像千手観音菩薩像一軀を造り、『大般若経』二部千二百巻、『法華経』千部八千巻を書写した。『叡山大師伝』はこの仏像や経典がどこに納められたか記していないが、おそらく最澄は竈門山寺を再訪し、唐から無事帰国できたことの報恩として仏像や経典を奉納したのだろう。

このころの最澄は、『法華経』千部を安置する宝塔を全国六カ所に設置して国家を鎮護する遠大なプランを立てていて、その六所宝塔の一つを竈門山寺に建てることを考えていたようだが、生前にそれが実現することはなかったらしい。しかし、最澄との縁で竈門山寺は天台宗との結びつきを強め、円仁・円珍も詣でている。そして承平三年（九三三）、沙弥証覚が最澄の遺志にもとづいて、ここに宝塔（筑前宝塔院）を造立した。これ以降、宝満山の仏教色はますます強まり、盛時には三百七十坊があったという。

中世には修験道化が進んだが、戦乱で荒廃し、また寛永十八年（一六四一）には火災で建物の多くが焼失し、仏像・什器なども失われた。その後再興されたが、明治の神仏分離・廃仏毀釈で山内の諸堂は破却され、寺院は廃絶してしまった。寺院跡とみられる地点からは奈良時代の軒平瓦などが出土している。宝塔跡とみられる礎石建物跡も見つかっている。

神宮院——最澄を救った香春岳の神

［福岡県田川郡香春町香春］

入唐を前にした延暦二十二年（八〇三）、竈門山寺を詣でた最澄は、その足で豊前国に向かい、田河郡の賀春山（福岡県田川郡香春町の香春岳）のほとりに寄宿した。そのときのことについて、『叡山大師伝』は、次のように記す。

香春岳　神宮院は二ノ岳の東の麓に位置し、古くから梅の名所として知られる

「夜の夢に梵僧（インド人僧）があらわれた。最澄が梵僧の衣をひらいて身体をみると、左半身は人に似ていたが、右半身は石のようだった。その異形の梵僧は、最澄に『業道の苦患をすみやかに救ってくれれば、渡海を助け、昼も夜も守護する』という。

夢から覚めた朝、最澄が賀春山を見ると、山の右側は崩壊した岩が重なり、草木がなく、まるで夢に見た梵僧の右半身のようであった。そこで最澄はこの地に法華院を建て、『法華経』を講じた。これが今の賀春神宮院である。開講してからは、その山の崩れた岩肌に草木が生えはじめ、年々繁茂し、村の老人で感嘆しない者はいなかった。
また、『最澄が海上で急難にあったら必ず助ける、もし自分の助けであることを確かめたいと望むなら、光を現す』との梵僧の託宣があり、実際、渡海中の最澄が急難に遭うと、つねに光が現れ、危機を脱することができたという」

佐伯有清『若き日の最澄とその時代』は、最澄が夢に見た梵僧は賀春山の神で、この神は『豊前国風土記』逸文によれば朝鮮半島新羅からの渡来神なので、インドという異国の僧によって象徴されたのだろうとする。ちなみに賀春山は現在は香春岳というが、三峰からなる石灰岩の山塊である。一ノ岳の上部は昭和戦後に進んだセメント用の石灰石採掘によって切り取られてしまっているが、賀春山はもともと岩肌が多く、草木がまばらな山であった。その様が石のような右半身をもつ梵僧の「業道の苦患」に結びつけられたのだろうか。

最澄がこのとき賀春山の麓に建てた法華院（賀春神宮院）とは、賀春山の神を祀る香春神社の神宮寺か、もしくはその神宮寺内の一院だったと思われる。弘仁五年（八一四）に報恩で九州を再訪した際には、宇佐八幡宮（宇佐神宮）とその神宮寺であった弥勒寺をへてこの地も詣で、『法華経』を講じている。そのとき、山に奇瑞が生じて人びとが感嘆したというエピソードもある（108ページ参照）。

承和四年（八三七）の大宰府から朝廷への奏言に「賀春山は元来岩山で、土や木はなかったが、延暦年間に最澄が来て渡海の安全を祈り、山麓に神のための寺を造り読経をして以来、山には草木が繁茂し、神験があらわれた。日照りや疫病の度に郡司や百姓が祈願すると、必ず感応をこうむる。ついては香春神社を官社に列していただきたい」といった記述がある（『続日本後紀』承和四年十二月十一日条）。この記事からすれば、最澄が賀春に神宮院（法華院）もしくは神宮寺を建立したのは事実と認められよう。梵僧の夢も本当だったのかもしれない。

この神宮寺（神宮院）のその後の歴史は判然としないが、最澄の建てた神宮院を香春神社の神宮寺六坊の一つ、高座石寺のこととする説もある。高座石寺は中世に焼失したが、江戸時代なかば、旧境内地に天台宗寺院として新たに神宮院が建てられ、最澄創建の神宮院の後身として現存している。梅の名所として知られる。

浄法寺――東国教化の拠点

［群馬県藤岡市浄法寺］

正しくは広厳山般若浄土院浄法寺といい、たんに浄土院あるいは緑野寺（上野国緑野郡に所在したことにちなむ）とも呼ばれる。寺伝では、聖武天皇の勅願によって鑑真の弟子道忠が創建し、最澄が再建したとする。

道忠は東国を拠点に布教活動を行ったが、とくに写経事業に熱心であった。延暦十六年（七九七）に最澄が発願した一切経書写では、「東国の化主」道忠がこれに応じて二千余巻の助写を行ったという（『叡山大師伝』）。また、京都高山寺蔵の弘仁六年（八一五）六月十八日の奥書をもつ『金剛頂経』は、その奥書などにより、道忠の弟子教興が空海の依頼を受けて浄法寺で書写したものと考えられている。承和元年（八三四）五月十五日には、坂東諸国の国司に対して、浄法寺の一切経を書写して奉進せしめる勅が出されている

浄法寺・相輪樘　最澄が構想した六所宝塔のうち、存命中に完成したのは浄法寺のものと大慈寺のものの２つ

（『続日本後紀』）。

弘仁八年、東国巡化のため最澄が東国出身の円仁らを率いて浄法寺を訪れたときには、教興・道応など道忠の弟子たちが彼を迎えた。このとき最澄は『法華経』千部を宝塔に安置し、法華長講や灌頂を行い、九万人が参集したという（『叡山大師伝』『元亨釈書』など）。この宝塔は、最澄が構想した六所宝塔の一つ、上野宝塔院にあたるとみられる。戦国時代には兵火を浴びて焼失するが、弘治二年（一五五六）に再建された。

現在の山門は安土桃山時代から江戸時代初期にかけての建立という。墓域の一角に直立する相輪樘は、最澄発願の上野宝塔にあたる。現存のものは高さ五・三メートルの青銅製で、寛文十二年（一六七二）の改鋳。そのそばには明応五年（一四九六）銘の道忠供養塔もある。

大慈寺――相輪樘がそびえる栃木の古寺　［栃木県岩舟町小野寺］

正式には小野寺山転法輪院大慈寺という。寺伝では天平九年（七三七）に行基によって建立され、二祖は道忠、三祖は広智だという。下野国（栃木県）出身の円仁は九歳でこの寺に入り、比叡山に登る十五歳まで広智に師事したと伝えられる。最澄の弟子で第二代天台座主となった円澄（武蔵国出身）、また第四代天台座主の安慧も大慈寺で学んだという。

大慈寺・相輪樘　大慈寺には昭和39年（1964）にエドウィン・O・ライシャワー駐日大使（当時）が訪れている

弘仁八年（八一七）、東国巡化の折に最澄が大慈寺を詣でた際には、広智らがいた。このとき最澄は、同行していた円仁と徳円に授戒と付法を行っている。また最澄はここを六所宝塔の一つ、下野宝塔の地に選んでいる。

天正年間（一五七三〜九二年）に小田原北条氏の兵火に遭って荒廃した。現在の大慈寺には、下野宝塔にあたる高さ五・四メートルの青銅製の相輪樘が立つ（一七二五年再建）。寺宝として、円仁が唐から持ち帰った伝えられる手香炉がある。

広済院と広拯院――最澄が建てた休憩所　［岐阜県中津川市神坂／長野県下伊那郡阿智村］

弘仁八年（八一七）の東国布教の際、最澄一行は東山道を通ったが、その旅路の最大の難所は、美濃と信濃のあいだにある信濃坂（神坂峠、標高約一六〇〇メートル）であった。木曽山中のこの険岨な峠に旅人が難儀するさまを見た最澄は、美濃側に広済院、信濃側に広拯院を設置し、険路を通る人びとの便を図る施設とした（『叡山大師伝』）。それは厳密にいうと寺院ではなく、布施屋にあたる簡易な宿泊休憩所であったと考えられる。

美濃側の広済院跡地には現在、顕彰碑が建っている。信濃側の広拯院跡地近辺は近年天台宗寺院「信濃比叡　広拯院」として整備され、平成十七年（二〇〇五）には薬師瑠璃光如来像を本尊とする根本中堂が建立された。

現在は神坂峠の下を中央自動車道の恵那山トンネルが貫く。トンネルの長さは約八・五キロ、高速道の自動車ならものの十分もかからずに通り抜けてしまう。

コラム

最澄の足跡に続いた名僧たち④

源信

［げんしん／九四二－一〇一七］

比叡山横川に隠棲して極楽往生の道を示す

多くの弟子を育てた良源には「四哲」と称される高弟がいた。覚運・尋禅・覚超・源信の四僧だが、このうちもっとも知名度があるのは源信だろう。彼は念仏による極楽往生の道を示し、浄土教信仰に決定的な影響を与えた平安時代の名僧として知られる。

源信は大和国葛城郡当麻郷（奈良県葛城市当麻）の出身で、天慶五年（九四二）の生まれ。俗姓は卜部氏といい、幼名を千菊丸といった。幼くして父を失い、九歳で比叡山に登り、良源に師事して広く仏教を学んだ。論議にすぐれ、天元元年（九七八）、三十七歳のとき、延暦寺の広学竪義の竪者（論題を講説する訳）に選ばれ、また内供奉にも任じられて、頭角をあらわす。

しかし、世俗化・貴族化が進んでいた比叡山の天台教団のあり方には批判的で、やがて名利を棄てて比叡山横川に隠棲し、写経と観行と著作に没頭する。

この時期の源信の代表的な著作は、良源の没年である永観三年／寛和元年（九八五）に完成した『往生要集』全三巻である。浄土信仰に関する百科全書的な内容で、極楽往生・念仏に関するさまざまな問題が多数の経論を引用して論証されており、かつ、極楽往生のための作法すなわち「臨終の行儀」が指南されている。「それ往生極楽の教行は、濁世末代の目足なり」（極楽往生のための教えと修行は、汚れきった末世の人間にとっては、目となり足となるものである）と巻頭にあるように、この著作の背景には当時隆盛していた末法思想がある。念仏による極楽往生を明示したこの書は日本浄土教の発達に多大な影響を与え、中国の天台山国清寺にも届けられて高く評価されたという。

源信像　『往生要集』は43歳であった永観2年（984）11月から書き始め、翌年4月に完成させている（1913年刊『平かな絵入往生要集』の挿画より、国立国会図書館）

源信の事績としては「二十五三昧会」も注目される。二十五三昧会とは、源信の念仏論を実践して極楽往生を遂げるべく、寛和二年に横川首楞厳院の住僧二十五人によって結成された結社で、結成に際してつくられた発願文（『二十五三昧式』）によれば、彼らの活動とは、「毎月十五日に首楞厳院に集まって念仏三昧を修して臨終の十念を祈り」「結衆のなかに病人が出たら集まって念仏を勧めあい」「死んだら、極楽往生を遂げようと地獄に堕ちようと、夢でもなんでもかまわないから、必ずこの世の仲間に結果を知らせる」というものであった。源信が加入したのは結成後しばらくしてからだが、彼は結社の綱領をつくり、メンバーもしだいに増加した。

横川の恵心院に住したので、恵心僧都、横川僧都とも称され、貴族だけでなく庶民にも念仏を指導して済度にあたった。『源氏物語』の「宇治十帖」に登場する「横川の僧都」のモデルは、紫式部とほぼ同時代人であった源信だといわれている。

寛仁元年（一〇一七）、阿弥陀仏の手にかけた糸を手に執り、念仏を続けながら、眠るがごとく息絶えたという。七十六歳であった。

ところで、示寂からほどなくして書かれたとみられる伝記（『首楞厳院二十五三昧結縁過去帳』所収）には、こんな逸話が書かれている。寂後、源信はある弟子の夢の中に現れた。弟子が「私は極楽に往生できるでしょうか」問いかけると、源信はこう答えたという。

「極楽往生は難しい。私ですら極楽に集まる聖衆のいちばん端っこにいるのだから」

最澄関連年表

元号　年	西暦	主な出来事
天平神護二	七六六	近江国で誕生（七六七年生誕説もあり）。父は三津首百枝、母は藤子、幼名は広野
宝亀九	七七八	出家し、行表を師として近江国分寺に入る（崇福寺に入寺したとする説もあり）
宝亀十一	七八〇	十一月、近江国分寺で得度。最澄と名乗る
延暦四	七八五	四月六日、東大寺で具足戒を受ける 七月、比叡山に登り、草庵を結ぶ。『願文』を著す
延暦七	七八八	一乗止観院（のちの根本中堂）の創建にとりかかる。自刻の薬師如来を祀って不滅の法灯を掲げる
延暦十六	七九七	朝廷に仕える内供奉十禅師に補任される
延暦十七	七九八	法華十講を催す
延暦二十	八〇一	十一月、南都の僧碩学十人を招き、法華十講を催す
延暦二十一	八〇二	和気氏の氏寺・高雄山寺にて、「天台の三大部」を講じる。最澄、入唐求法を請願し、入唐還学生の許可が下る

元号　年	西暦	主な出来事
延暦二十二	八〇三	四月、難波津を出発するも、遣唐使船が暴風で渡航不能となる。最澄はその後、九州にとどまる
延暦二十三	八〇四	七月六日、義真をともなって遣唐使船第二船で唐へ出発 七～八月、明州（現在の浙江州寧波）に上陸 十月、天台山に入る。仏隴寺の行満から仏典八十二巻、禅の法を受ける
延暦二十四	八〇五	天台山道邃から付法相承、円頓大戒（大乗菩薩戒）を受ける 三月、天台山を辞し、さらに越州龍興寺順暁から密教を学ぶ 五月、帰途につき、六月五日対馬に着く 七月、朝廷に『請来目録』を上表する 九月、高雄山寺で灌頂を行う
延暦二十五 （大同一）	八〇六	一月、南都六宗に加え、天台法華宗の比叡山寺に二名の年分度者が認められ、天台宗が公認される 三月十七日、桓武天皇没。この年に空海が唐より帰国
大同三	八〇八	円仁、光定ら最澄の弟子となる
大同四	八〇九	最澄、弟子を遣わし、空海から経典十二部を借覧する
弘仁一	八一〇	伝灯法師位を受ける

弘仁三	八一二	十月、乙訓寺にて空海と会談 十一〜十二月、最澄、高雄山寺にて金剛界、胎蔵界の結縁灌頂を受ける
弘仁四	八一三	護持僧に加えられる。『長講金光明会式』『長講仁王般若会式』撰。『依憑天台宗』を著す
弘仁五	八一四	一月、宮中で諸宗の僧と対論 春、九州巡化に出向く
弘仁六	八一五	天台法文を南都七大寺に安置
弘仁七	八一六	『天台霊応図及び本伝集』『新集聖教序』『涅槃経師子吼品』を朝廷に上表する。泰範に書を送り、比叡山への還住を求める。時期には諸説あるが、空海と決別
弘仁八	八一七	美濃から信濃を抜け、上野、下野へ東国巡化に赴く 『照権実鏡』を著して法相宗の徳一を論難
弘仁九	八一八	東大寺で受けた二百五十戒を棄捨。比叡山上に大乗戒壇院の創設を主張。比叡山の四至結界を定め、六所宝塔院造立の願文を起こす 五月、『六条式』を上奏 八月、『八条式』を上奏。『守護国界章』を著す

元号　年	西暦	主な出来事
弘仁十	八一九	三月、『四条式』を定める 五月、僧綱より大乗戒壇院創設を拒否される 十二月、『内証仏法相承血脈譜』を著す。この頃、『天台法華宗年分得度学生名帳』『上顕戒論表』成立
弘仁十一	八二〇	二月『顕戒論』を著し、僧綱に反論。比叡山西塔に相輪樘を創建、その願文を撰述。この頃『通六九証破比量文』『決権実論』を著す
弘仁十二	八二一	『法華秀句』撰述。東塔の心柱を建立
弘仁十三	八二二	二月、伝灯大法師位を受ける 四月、諸弟子を病床に集め遺言 五月十五日、天台一宗を義真に委ねる 六月四日、比叡山中道院にて入寂 六月十一日、大乗戒壇院設立の勅許がおりる
弘仁十四	八二三	二月、比叡山寺改め「延暦寺」の寺号を賜り、官寺となる。延暦寺に二人の別当を置く
天長一	八二四	義真、初代天台座主となる
天長二	八二五	円澄、延暦寺西塔に法華堂を建立
天長四	八二七	義真、延暦寺に大乗戒壇院を建立

和暦	西暦	事項
天長十	八三三	この頃、円仁、横川に草庵を結ぶ
承和一	八三四	第二代天台座主となった円澄、西塔に釈迦堂を創建
承和十四	八四七	承和五年に入唐した円仁が帰朝。『入唐求法巡礼行記』を著す
貞観一	八五九	円珍、三井寺（園城寺）を天台別院として再興
貞観七	八六五	相応、無動寺谷に明王堂を創建
貞観八	八六六	清和天皇、最澄に伝教大師、円仁に慈覚大師の号を賜る

主要参考文献

比叡山専修院附属叡山学院編『伝教大師全集』（全五巻）比叡山図書刊行所、一九二六―二七年（『叡山大師伝』も収録）
大竹晋訳『現代語訳　最澄全集』（全四巻）国書刊行会、二〇二一年
薗田香融ほか校注『日本思想大系4　最澄』岩波書店、一九七四年
渡辺照宏編『日本の思想1　最澄・空海集』筑摩書房、一九六九年
渡辺照宏ほか校注『日本古典文学大系71　三教指帰　性霊集』岩波書店、一九六五年
梅原猛『京都発見9　比叡山と本願寺』新潮社、二〇〇七年
大久保良峻『伝教大師最澄』法蔵館、二〇二一年
景山春樹『比叡山と高野山』教育社、一九八〇年
木内堯央『最澄と天台教団』講談社学術文庫、二〇二〇年
佐伯有清『伝教大師伝の研究』吉川弘文館、一九九二年
佐伯有清『若き日の最澄とその時代』吉川弘文館、一九九四年

高橋富雄『徳一と最澄』中公新書、一九九〇年
田村晃祐編『最澄辞典』東京堂出版、一九七九年
田村晃祐『最澄』吉川弘文館、一九八八年
永井路子『雲と風と　伝教大師最澄の生涯』中公文庫、一九九〇年
比叡山延暦寺監修『伝教大師最澄の寺を歩く』ＪＴＢパブリッシング、二〇〇七年
宮坂宥勝『空海　生涯と思想』ちくま学芸文庫、二〇〇三年
村山修一編『山岳宗教史研究叢書2　比叡山と天台仏教の研究』名著出版、一九七五年
山折哲雄監修『あなたの知らない最澄と天台宗』洋泉社歴史新書、二〇一四年
渡辺照宏・宮坂宥勝『沙門空海』ちくま学芸文庫、一九九三年
渡邊守順・坂本廣博ほか『比叡山』法蔵館、一九八七年
渡辺守順『比叡山延暦寺』吉川弘文館、一九九八年
『空海の本』（ブックス・エソテリカ第41号）学習研究社、二〇〇六年
『修行の本』（ブックス・エソテリカ第47号）学研パブリッシング、二〇一〇年
比叡山延暦寺監修『別冊太陽　比叡山』平凡社、二〇〇六年

編者略歴

山折哲雄（やまおり・てつお）

宗教学者・評論家。1931年、米国サンフランシスコ生まれ。東北大印度哲学科卒業。国立歴史民俗博物館教授、国際日本文化研究センター所長を歴任。現在は国際日本文化研究センター、国立歴史民俗博物館、総合研究大学院大学の各名誉教授。『世界宗教大事典』（平凡社）、『仏教とは何か』（中公新書）、『「ひとり」の哲学』（新潮選書）、『わたしが死について語るなら』（ポプラ新書）など著書多数。

<本文執筆>

古川順弘（ふるかわ・のぶひろ）

1970年、神奈川県生まれ。早稲田大学第一文学部卒業。宗教・歴史分野を扱う文筆家・編集者。『人物でわかる日本書紀』（山川出版社）、『古代神宝の謎』（二見書房）、『仏像破壊の日本史』『古代豪族の興亡に秘められたヤマト王権の謎』（以上、宝島社）ほか著書多数。

【写真提供】

写真AC、国際日本文化研究センター、国立国会図書館、国立文化財機構所蔵品統合検索システム、勝常寺、奈良国立博物館、磐梯町教育委員会、比叡山延暦寺、古川順弘、法華山一乗寺、湯川村教育委員会、Adobe Stock

最澄に秘められた古寺の謎

伝教大師と辿る比叡山と天台宗

2021年12月20日　初版第１刷発行

編　者	山折哲雄
発行者	江尻 良
発行所	株式会社ウェッジ
	〒101-0052 東京都千代田区神田小川町１丁目３番地１ NBF小川町ビルディング３階 電話 03-5280-0528　FAX 03-5217-2661 https://www.wedge.co.jp/　振替00160-2-410636
装　幀	佐々木博則
組版・地図	辻 聡
印刷・製本	株式会社暁印刷

＊定価はカバーに表示してあります。
＊乱丁本・落丁本は小社にてお取り替えいたします。

ISBN978-4-86310-245-3　C0026